U0067402

帶得走的溝通技巧

聽覺障礙學童溝通修補教學策略手冊

林桂如、鍾雅婷　等著

目次

故事閱讀篇・林桂如 / **111**

附錄

 活動篇學習單

【請上心理出版社網站（http://www.psy.com.tw）的下載區下載檔案。解壓縮密碼：9789861917375】

壹、察覺溝通中斷

學習單 1-1　表情變變變

學習單 1-2　這時會是哪張臉？

學習單 1-3　身體會說話——這代表什麼意思？

學習單 1-4　身體還說了什麼？

貳、非特定口語溝通修補策略

學習單 2-1　老鼠弟弟的料理

學習單 2-2　美食小記者

學習單 2-3　便利商店買東西

參、特定口語溝通修補策略

學習單 3-1　購物趣

學習單 3-2　裝飾聖誕樹

學習單 3-3　誰才是小偷？

學習單 3-4　烤肉趣

學習單 3-5　大自然的旅程

學習單 3-6　點杯飲料透心涼

學習單 3-7　來裝飾餅乾吧！

肆、非口語溝通修補策略

學習單 4-1　猜猜他的願望

學習單 4-2　髮型設計師

學習單 4-3　餐具點點名

繪本故事

「請多多指教」故事影音檔

【請上 YouTube 搜尋雅文基金會「請多多指教」影音檔】

林寶貴／國立臺灣師範大學特殊教育學系退休教授

　　雅文兒童聽語文教基金會的創辦人——倪安寧女士曾在創會之初許下宏願，深切期許二十年後臺灣沒有不會說話的聽損兒童。時至今日，雅文基金會創會已屆滿二十周年，欣見這樣的宏願在科技輔具和聽語早療的深耕下逐步實現。這次，雅文基金會的團隊再次集結理論與實務經驗，分享聽損兒童的溝通修補教學策略手冊，相信本書將再激發聽損兒童的家長和聽語的早療工作者，更加重視溝通的實質意涵，教導聽損兒童發展帶得走的溝通能力技巧！本書出版之際，個人有幸先睹為快，在深致慶賀之餘，特綴數語予以推薦。

邱利盈／臺北市中正國小聽障資源班教師

　　此書是一本讓溝通訓練的「教」與「學」皆受益的工具書，透過將口語溝通的修補理論與技巧無縫傳遞給教學者與家長，實質提升聽障學童溝通的有效性！

陳俊崑／聽損學童的家長、新北市國中特教教師

　　從事特教工作數年，面臨自己孩子也是聽損兒之際，內心仍免不了一陣慌亂。幸好孩子成長歲月裡，有雅文專業團隊的陪伴，讓徬徨無助的父母從漫長未知的黑夜中，看見黎明希望的曙光。雅文提供生活化的學習環境，引領孩子從寂靜國度跨入有聲有情的言語溝通世界，延續了「祈望臺灣沒有不會講話的聽障兒童」的生命願景。這次一群為聽損兒教育默默付出的第一線教師，將他們實務經驗彙集成冊，提供聽損兒父母最珍貴的智慧指引。

黃彩霞／臺北市光復國小低年級教師、特教教師

作者在聽障口語溝通教學方面具有深厚的理論背景及實務經驗。此專書的問世，相信將提供相關的療育人員與家長找到更有效的教學捷徑，嘉惠更多聽語障礙的孩子們。

劉蓉兒／高雄市三民兒童早期療育通報暨個案管理中心職能治療師
暨專業團隊督導

書中生動的內容與教學活動實例，引領讀者深切理解、同理聽障學童的溝通障礙需求，值得推薦給家長與所有從事聽語早期療育的工作者！

鄭佑萱／臺北市聽障教育資源中心巡迴輔導教師

本書透過有趣的活動與實用策略，讓孩子在表達上更加流暢，相信這將有效提升聽障學童人際互動能力！

鍾玉梅／臺北榮民總醫院資深語言治療師

本書藉由簡而易懂的文字、生動的活動及插畫，展現易於活用的溝通互動技巧。不只適用於聽障學童，凡接觸發展遲緩兒者都值得擁有。

鍾熔美／聽損學童的家長

身為一位聽損兒的母親，一路走來我非常清楚「溝通」對聽損兒有多麼的重要、卻又艱難！透過這本經過實作探討出的溝通學習方式，能夠替學習中的孩童及家長帶來幫助！有了自信心，面對任何的挫折也都可以正面迎戰，不再自卑的選擇逃避！

（依姓氏筆畫排序）

林桂如

學歷： 國立高雄師範大學特殊教育學系博士候選人

臺北市立師範學院身心障礙教育研究所碩士

東吳大學社會工作學系學士

現職： 財團法人雅文兒童聽語文教基金會助理研究員

兼聽覺口語師

經歷： 國立高雄師範大學特殊教育學系兼任講師

臺北市立教育大學特殊教育中心研究助理

國立臺灣師範大學教學與評鑑中心碩士級研究助理

證照： 國民小學教師證書

著作： 以家庭為中心的聽覺障礙早期療育：聽覺口語法理論與實務（主編，

臺北：心理）

一玩就上手：學前兒童口腔動作遊戲活動手冊（臺北：心理）

讓他聽清楚說明白：認識聽覺口語法—修訂版（主編，臺北：雅文兒

童聽語文教基金會）

鍾雅婷

學歷： 長庚大學早期療育所碩士班研究生

弘光科技大學幼兒保育系學士

現職： 財團法人雅文兒童聽語文教基金會聽覺口語師

經歷： 天才領袖兒童發展中心人事行政組長

新北市私立秀明幼兒園教師

臺北縣政府教育局 97、98 年度幼教政策與績優幼稚園觀摩會活動嘉獎

證照： 幼稚園教師證書

隨著科技輔具的日新月異與免費新生兒聽力篩檢的全面實施,聽障學童擁有相較於過去在學習「聽清楚、說明白」的更多可能性。然而,走出教室,真實世界裡存在的是無所不在的環境音、混響、遠近不同的音源,甚至是每個人不同的口音、特有說話方式等現實因素,而這些才是挑戰聽障學童能否有效與人溝通,積極由聽清楚、說明白的基礎下,展現聽懂訊息、合適回應他人與表達自己意見的實用溝通技巧。

從事聽障教育工作多年,我很珍惜與每一個聽障學童和家長相處的時光。從他們的身上,我總看見許多身為家長特有的韌性與不放棄,而這樣的感動總讓我經常思考著可以為這群孩子做些什麼。

環顧國內的聽障教育書籍,多側重於學理探討與結構式的聽語技巧訓練,然而,卻少有論及如何協助聽障學童將療育與真實世界接軌,引導聽障學童成為主動、積極的溝通者。職是之故,興起撰寫本書的想法,並盼能效法鈕文英教授竭盡以「最好的自己」分享所學所能,期許能提供聽障學童的家長與相關療育工作者在引導聽障學童發展溝通能力上的參考。

身為聽障者的母親,雅文基金會創辦人倪安寧女士曾期許未來臺灣沒有不會說話的聽障學童;身為聽障教育者,林寶貴教授曾期待臺灣沒有不會溝通的聽障學童;而身為聽語療育實務工作者的我,除了循著二位先進的宏願前行,也衷心盼望臺灣沒有不會溝通修補的聽障學童……我相信,那將是一種就算身處滂沱大雨、兩把傘拉開了距離,也不再因聽不清楚對方訊息而擔憂的自信。

　　本書付梓之際，由衷感謝在聽障教學工作中相遇的學生、家長和我摯愛的家人們。同時，也感謝林宜玲特教老師、賴曉楓語言治療師在構思本書初期的協助、張慧嵐插畫家協助我將全書多數插圖的構想實現並精緻化，以及參與活動設計和校對的雅文夥伴。最後，感謝在學習與寫作的過程中不斷帶給我啟發的鈕文英教授、蔡昆瀛教授，是您們的教誨，讓我在無垠的學海與實務工作中，學習靜心仰望星空、聆聽周邊的美好之聲。全書版稅將作為雅文基金會公益用途之用；內容上如有疏漏，也期盼各方先進不吝指教。

林珮如

2017.03.15

作者序二

　　第一次參與寫書的行列，鍛鍊自己將教學經驗轉化成簡而易懂的文字是一項相當大的挑戰。對我而言，所謂的教學方式沒有制式公式可套用，相同教學方式在每位孩子身上會呈現不同的效果。即便如此，我們還是得試著找出與孩童共同成長的合適方法，並依著孩童的特質不斷調整彼此的溝通模式。

　　早期的聽語訓練以教導聽障學童能聽會說的能力為主，但偶爾也會發現到聽障學童與他人對話是雞同鴨講或自顧自的說話。因為溝通技巧不是只有聽和說的能力，而是一門複雜的學問，也是社會適應中相當重要的課題。聽障學童常因為無法辨識不同場合、對象、表情、語氣和語意，使得彼此溝通出現問題。因此從事實務工作的我們開始思考：如何將溝通修補策略的理論轉化為實務面上可教學的活動。透過雅文教學團隊互相腦力激盪與教學相長，和桂如一次又一次修正活動的適切性，最後方能完成此書的活動設計。這一路上感謝提供諮詢與協助的桂如，以及慧嵐的插畫使內容更加生動活潑。

　　「活動篇」內容會先教導兒童辨識溝通中斷的技巧，再延伸至非特定／特定口語、非口語的溝通修補策略，期盼聽障學童藉由引導者示範後，提升溝通的修補技巧，培養能帶著走的溝通能力。

　　為幫助引導者建立豐富、有趣且完整的溝通修補教學技巧，本書深入淺出提供聽障學童溝通發展的概念和評量方式，並集結雅文基金會聽覺口語師的溝通修補策略教學活動，期盼家長及相關早療工作者閱讀本書後，得以促進聽障學童的溝通對話技巧。

鍾雅婷

2017.03.15

Part **1**

理論篇

壹、溝通是什麼？

例行的聽語療育課程中，重度聽障的小宇興沖沖地問：「老師，我們今天要做『恩』（城）堡嗎？」我連忙問：「妳說我們今天要做『什麼』？」她再次回答：「『恩』堡。」然而，我還是一頭霧水：「ㄏㄚˊ？」這下可把小宇惹惱了，她氣急敗壞地說：「不講了啦！」最後這句話我倒是聽清楚了。只是，很顯然，我們之間的對話並沒有充分交換訊息。

　　溝通的本質在於與人交換訊息，無論所使用的形式是口語、手語或其他手勢。在一部描述海倫‧凱勒的影片 *The Miracle Worker* 中，曾述及海倫的教師在教她數月後，發現海倫在口渴時會打出「牛奶」的手語，然而，當真的將牛奶遞給她，她卻是粗暴甩開，表示她不要這個東西。很顯然地，海倫只是將「牛奶」當成「口渴」或「飲料」的代名詞，當時的她，並不明白每一個事物都有特定的語言表達方式。直到某天，海倫在抽水幫浦下玩水時，突然憶起小時候未失聰前，曾喝過這種冰涼無味的液體，而它的名字就叫作「水」。從那一刻起，海倫頓時明白原來每一樣東西都有它的名稱，而能與人達到有效的溝通，原來是一件這麼快樂的事！

　　隨著科技的進步和早期療育意識的抬頭，聽覺障礙學童擁有了更多學習良好傾聽和口語表達的可能性。然而，存在於自然環境中的噪音、混響、距離無所不在，對於多數以口語作為主要溝通方式的聽障學童而言，勢將面臨溝通中斷的挑戰，故了解溝通的本質將有助於引導聽障學童發展實用的溝通技巧。

■ 一、溝通的定義與內涵

　　多數人可能會主觀認為人與人之間主要是藉由言語進行溝通，實際上，溝通包含語言（language）和言語（speech），且過程中，同步運用了許多手勢、臉部表情、身體動作、語調等訊息。存在於語言之外的非語言線索，以及蘊含在聲音中的情感所傳達出的訊息，實則比文字更能傳遞所欲溝通的訊息（Kumin, 2008）。如：若小銘挑眉、不高興地說：「那真是個好主意！」傾聽者將會解讀到小銘並非真的認為這是個好主意，因為，語氣和臉部表情在此一溝通情境中將更值得被重視。因此，有效的溝通應兼具「說些什麼」和「如何說」的技巧。

　　溝通是傳遞訊息、交換訊息，藉以建立共同性的過程，此一過程，在人與人每天的互動中不斷反覆出現無數次。Kiessling 等人（2003）指出，溝通

模式包含了「聽」（hearing）、「傾聽」（listening）、「理解」（comprehension）、「溝通」（communication），也就是從一開始接觸有聲世界和聽見聲音的能力，到有目的性和注意的聆聽，透過了解所接收到的訊息、意義或意圖，達到雙向訊息交換的溝通。

溝通的開啟到結束，是一連串不同的溝通行為表現的過程。Harold（2006）提出強森溝通模式（Johnson conversational model），進一步將溝通的過程區分為三大階段：初始階段（任務 1-3）、中間階段（任務 4-8）和結束階段（任務 9-10）（如圖 1），並強調各個階段乃是具有連續性，且共包含十種不同的行為與任務，茲說明如下。

圖1 溝通的過程，修改自 Harold（2006），修改部分為加入底色與對照圖例

註：⬌ 表示對話持續進行，⊘ 表示對話中斷。

(一) 非互動事件

個體參與對話之前發生的事件，而該事件可能會影響接下來的對話（如：發生火災，因而小明去求救），也可能不會產生任何影響（如：小明在發呆，小華突然過來和他說話）。

(二) 獲得他人注意力

對話是指兩個人以上參與話題所產生的訊息交換過程。為吸引對方注意而開啟話題，可利用許多不同的方式，如：看到他人出現時，發出非語言（nonverbal）訊息，如：輕拍對方的肩、簡單舉手打招呼，或發出「ㄟ」、「嘿」的聲音等，皆是獲得他人注意力的方法。

(三) 開啟話題

當個體想要獲得某人的注意力時，代表他可能正想要開啟某一個話題。為開啟話題，個體可以使用臉部表情、肢體語言、不同的招呼語（如：嗨！你好！）等方式來進一步確認獲得雙方的注意力。

(四) 相互寒暄

寒暄的方式多半取決於和溝通者之間的關係、對話的目的、情境，或溝通者的性別等。

(五) 建立話題

話題建立者通常將視自身的先備知識、與對話者的關係、情境背景、環境等因素而產生不同的話題。

(六) 交換訊息

交換的訊息內容除了受到前述因素影響外，也取決於每一個對話輪替引

聽覺障礙學童溝通修補教學策略手冊

發者的觀點或想法。

(七) 察覺和修補對話中斷

當對話遭遇中斷時，溝通的雙方可能都會試圖修補，並針對已察覺到的問題或對自己正在進行的溝通內容加以修正。

(八) 準備結束話題

在預備結束話題時，有許多不同的溝通行為表現。然而，為了避免突兀地結束話題，將考量所處的情境、背景、話題內容與溝通的目的性表現出不同的行為，以順利結束話題或延伸另一個話題。

(九) 結束對話

一旦溝通的雙方皆同意結束對話，則話題很快就會結束。結束的方式可能是簡單、嚴謹、有禮貌或粗魯的，通常需視溝通的雙方在準備結束話題時的情境和互動方式。

(十) 離開對話

對話結束後，溝通的雙方將中斷彼此的注意力，而表現的行為可能是簡單地轉身離開。如溝通的一方欲重新開啟話題，則需要重新建立彼此的注意力。

二、對話溝通的組成要素

對話溝通是一個複雜的互動系統，聽障學童囿於聽力上的限制，加上環境中無所不在的噪音、混響、距離等問題，造成聽障學童相對於一般聽力正常（簡稱聽常）的學童，更容易遭遇對話溝通要素中的困難，如：構音不佳、語用技巧弱、傾聽和注意力較差。

006

　　語言是一套縝密繁複的符號系統，Bloom 與 Lahey（1978）依據語言的運用型態，曾將「語言」區分成三大範疇：語形（form）、語意（content）和語用（use）。就內涵而言，語形掌管一切將無形思想轉換成有形符號的遊戲規則（含構詞、音韻及語法）；語意是各符號所代表的意義和概念；語法則是著重於使用方面，亦即考慮各種符號在不同情境及溝通目的下的表達方式。Owens（2010）則採取功能取向觀點，認為語用即涵蓋前二者，並進一步指出這些要素均會受情境的影響而有不同的意義。

　　語言是社會性的工具，如欲達到說話者和傾聽者之間有效的訊息交換，乃涉及個人的表達性語言和接受性語言能力，此二項能力分別受到構音、語用技巧、傾聽、注意力的影響，加上個人音韻儲存對於音韻的分析、語意的連結、語法的規則和聽覺訊息的處理，所構成的對話溝通動態過程。筆者綜合文獻（Bloom & Lahey, 1978; Ripley, Barrett, & Fleming, 2001），將對話溝通的要素繪製如圖 2 所示。

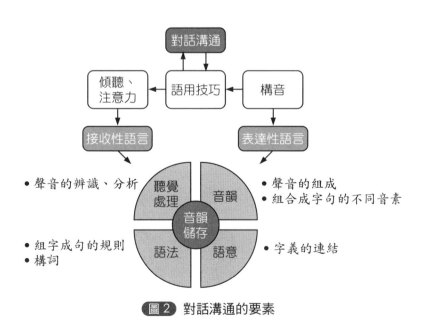

圖2 對話溝通的要素

貳、聽障學童在面對面的溝通過程中
常見的挑戰

老師：「小寶，你是男生還是女生？」

小寶：「藍色！」

老師：「厂ㄚˊ？老師剛剛說什麼？」

小寶：「藍色還是綠色？」

老師：「……」

　　溝通是兩個人以上相互扮演說話者與傾聽者角色行為的過程，且兩者間持續交換分享意見、想法或生活經驗，因而可視為訊息交換的歷程（錡寶香，2006）。在療育現場，時常可見像遭遇對話中斷而索性放棄溝通意圖的聽障學童，然而，存在於聽障學童本身聽能訊息接收的限制，是否即意味著這群學生無法辨認及處理溝通中斷的問題？

　　溝通，包含說話者訊息編碼與傾聽者訊息解碼的歷程（McLaughlin, 2006）。當說話者無法傳送訊息或傾聽者無法接收或了解訊息時，溝通即遭遇中斷的問題（Furrow & Lewis, 1987），故 Tye-Murray（2003）認為，口語的清晰度和接收性語言乃是預測溝通中斷的有效指標。對於個體的溝通而言，倘若其溝通能力不佳，即便其聽的能力沒問題，對傾聽訊息的接收和專注維持也將會有負面影響（如圖3）。然而，若個體在溝通上能有效運用語言和聲學線索等口語溝通修補策略獲取訊息，則將對其傾聽的能力產生正向的影響（Sweetow & Henderson-Sabes, 2004）。

圖3　溝通中斷可能影響訊息編碼與解碼歷程

　　對於聽障者而言，同樣可以辨認溝通中斷、判斷問題所在，再分析、採取口語溝通修補策略回應（Erber, 1988），即使是本身缺乏修補技巧的聽障者，也可透過訓練提升修補策略的使用（Blaylock, Scudder, & Wynne, 1995; Elfenbein, 1992），亦即當傾聽者或說話者在遭遇一方的溝通中斷時，可運用口語溝通修補技巧加以澄清之前的話語，確保雙方可接收到正確的訊息以接續

對話的進行（Hegde & Maul, 2006），達到正向的溝通回饋。

當聽障學童一再遭遇聽不清楚對方的聲音，或聽不懂說話者所欲傳達的訊息時，往往容易導致彼此心生誤解，因而造成人際溝通上的困難（Ripley et al., 2001）。一般聽障學童常遭遇的溝通挑戰來源，主要包括聽障學童本身、訊息結構內容、說話者本身和溝通環境（Erber, 1988），如表 1 所示。

表 1 聽障學童在溝通上的常見挑戰

挑戰來源	可能的困難點
聽障學童本身	● 無法察覺、分辨或辨識話題 ● 不了解對自身知覺上的限制 ● 後設語言能力弱 ● 安排會話的能力弱 ● 不合適的地點或聽覺輔具故障 ● 個人疲勞或疾病引發的不舒服 ● 不專注
訊息結構內容	● 對話題不熟悉或話題突然轉換 ● 不普遍的用字、用詞或專門術語 ● 俚語 ● 不常用的長句 ● 複雜語法 ● 連續使用數個句子描述
說話者本身	● 說話速度太快 ● 聲音音調太低沉、波動或太高 ● 構音不清楚 ● 特定的地區性口音 ● 在說話時轉頭 ● 頭髮或其他物體遮住嘴巴、臉部 ● 缺乏察覺、提出再次澄清的策略

表 1 聽障學童在溝通上的常見挑戰（續）

挑戰來源	可能的困難點
溝通環境	● 與溝通者的距離太遠 ● 噪音 ● 過多的混響 ● 低度照明 ● 有物品反光、刺眼 ● 容易讓人分心

資料來源：整理自 Erber（1988）。

參、影響聽障學童在口語溝通修補技巧發展的因素

Conversations don't occur *at* someone but *with* someone.

—— Easterbrooks & Baker (2002, p. 206)

　　溝通修補係指在溝通過程中，當發生未達預期的訊息交換時，個體在合理的時間範圍內藉由重複、調整訊息等方式使溝通得以繼續的能力（Ohtake & Wehmeyer, 2010）。一般兒童約在 8 歲時發展出足夠的口語溝通修補技巧，進而可以與人進行順暢的溝通，以及在與成人的互動中學習有關口語溝通修補的能力（Owens, 1996）。然而，聽障學童在口語溝通修補技巧發展上卻經常有發展緩慢或使用策略有限的現象（Jeanes, Nienhuys, & Rickards, 2000; Most, 2002, 2003），茲彙整可能影響其口語溝通修補技巧的因素如下：

一、聽力損傷

　　一般而言，聽障者囿於其生理上的聽力損失，因此常經驗到溝通障礙（Caissie & Wilson, 1995; Tye-Murray, 1994）。尤其在口語溝通中，當聽障學童扮演傾聽者的角色時，因其自身的聽力障礙而更易受到距離、環境背景噪音等的影響，致使在接收口語訊息上倍顯困難（Boothroyd, 1984），因而在與人的對談中常不斷地出現「ㄏㄚˊ？」請求對方重複（林寶貴，1994）。

　　根據我國教育部《身心障礙及資賦優異學生鑑定辦法》（2013）規定，聽覺障礙係指由於聽覺器官之構造缺損或功能異常，致以聽覺參與活動之能力受到限制者。前項所定聽覺障礙，其鑑定基準依下列各款規定之一：(1)接受行為式純音聽力檢查後，其優耳之 500 赫、1,000 赫、2,000 赫聽閾平均值，6 歲以下達 21 分貝以上者；7 歲以上達 25 分貝以上；(2)聽力無法以前款行為式純音聽力測定時，以聽覺電生理檢查方式測定後認定。

　　在我國 2012 年 7 月 11 日新制身心障礙鑑定中，針對聽覺障礙主要依其程度區分為四級（中華民國殘障聯盟，2012）：(1) 0 級：未達下列基準；(2) 1 級：雙耳整體障礙比率介於 50% 至 70%，如無法取得純音聽力閾值，則為優耳（ABR）聽力閾值介於 55 至 69 分貝；(3) 2 級：雙耳整體障礙比率介於 71% 至 90%，如無法取得純音聽力閾值，則為優耳（ABR）聽力閾值介於 70 至 90 分貝；(4) 3 級：雙耳整體障礙比率大於 90%，如無法取得純音聽力閾

值，則為優耳（ABR）聽力閾值大於 90 分貝。不同障礙程度的聽障者在相關福利上所獲得的資源亦有別。

　　儘管我國法令基於教育和福利立意的不同，在聽覺障礙的定義有別，然而，當個體具有聽力損失的事實時，在人際對話溝通上實則產生程度不一的影響。

◤ 二、自然的溝通互動經驗

　　相較於聽常學童，有學者認為聽障學童少有處於自然的溝通互動經驗，故較少機會獲得與人互動的語用技巧，因而在學習口語溝通修補技巧的經驗或機會不足（Clark, 1989; Gallaway & Woll, 1994）。

　　Easterbrooks 與 Baker（2002）亦指出，聽障學童對話技巧的惡性循環往往是由於對話經驗不足、學習發問的技能不足、有限的對話經驗，進而造成對話技巧有限，因此，宜增加溝通技巧與對話經驗，以提升其整體對話技巧（如圖 4）。

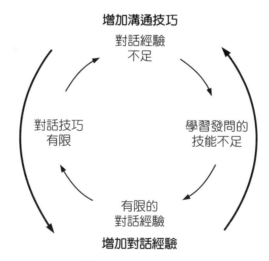

圖 4　聽障學童對話技巧的循環發展，修改自 Easterbrooks 與 Baker (2002)，修改部分為精簡原外圍重複的文字和箭頭符號

三、言語發展

口語的清晰度和接收性語言已普遍作為預測溝通中斷的有效預測值（Tye-Murray, 2003），因此，當扮演說話者時，倘若聽障學童的口語清晰度不佳，常使溝通更加困難（Monsen, 1983）。

林郡儀與林桂如（2015）針對全臺取樣、通過標準設定為 90% 的華語兒童聲韻母的研究（如：卓士傑，2008；林寶貴、林美秀，1993；林寶貴、黃玉枝、黃桂君、宣崇慧，2007），歸納出一般學前華語兒童的聲母乃是由易到難的構音方法、由前或後逐漸往中間的構音位置發展，並約在 6 歲左右發展完成約 90% 的字首聲母（亦即不含ㄤ、ㄥ的其他聲母）；韻母則約在 3 歲半前發展完成，且口語清晰度在兒童進入小學後仍持續發展中。整體華語一般兒童聲韻母表現如表 2 所示。

聽障學童的發音錯誤類型往往較聽常者複雜，發生率也較高；且易有不一致的錯誤，其中又以韻母拖長而歪曲、節律異常、韻母及聲母過度鼻音化、聲母連接不完全、韻母替代、複韻母錯誤、省略及簡化複韻母及聲隨韻母的錯誤最常出現，且聽障學童也較可能出現在聽常學童中鮮少出現的超音段和單韻母的錯誤（林桂如、林郡儀，2015；鍾玉梅，2005；Davis & Silverman, 1970; Hudgins & Numbers, 1942）。

聽障學童在聲母的構音表現以擦音和塞擦音的發音最弱（李芃娟，1998；張蓓莉，1997；Elfenbein, Hardin-Jones, & Davis, 1994），且在嗓音上通常伴有中度至重度的沙啞聲（hoarsness）與輕度共鳴（resonance）不足的問題（Elfenbein et al., 1994）。

林寶貴（1985）針對華語國中小聽障學童進行調查，結果顯示最難構音的音素為「ㄘ、ㄙ、ㄗ、ㄒ、ㄖ、ㄅ、ㄑ」，另外，呂淑如（1992）指出聽障學童最常出現的前十個錯誤音為：「ㄗ、ㄓ、ㄅ、ㄘ、ㄙ、ㄒ、ㄑ、ㄊ、ㄐ、ㄍ」，其中除了少數為塞音外，其他皆為擦音或塞擦音。此外，聲母發

表2 華語一般兒童聲韻母表現

項目	表現
聲母	1. 構音方法：由簡單的塞音、鼻音先發展，最後為構音較複雜的塞擦音。 2. 構音位置：以舌面中心為基準，多數由雙脣音或舌根音往舌尖前音和舌面音的方向發展（如下圖）： 　(1)雙脣音、舌尖中音及舌根音約在4歲前可習得； 　(2)脣齒音、舌尖音及舌面前音約在5歲前可習得； 　(3)舌尖後音約在6歲前習得，「ㄓ、ㄕ」習得時間超過6歲。 3. 華語兒童在6歲左右發展完成約90%的字首聲母。
韻母	1. 音節組合：最早發展的為單韻母，其次為複韻母、結合韻母和聲隨韻母。 2. 構音位置：前元音最早發展，圓脣音則最晚。 3. 母音空間：4歲兒童的母音空間仍顯著小於成人，到7歲時尚未穩定，顯示言語清晰度仍持續發展中。 4. 華語兒童的整體韻母約在3歲半前發展完成。

資料來源：整理自林郡儀、林桂如（2015）。

音上，聽障學童易有省略、替代及歪曲的特徵（鍾玉梅，2005）。李宜潔（2006）針對4至6歲的六位聽常幼兒（4、5、6歲各兩位）與5至6歲的四位聽障幼兒比較其發音和清晰度，結果發現聽障幼兒較常使用塞音來替代擦音或塞擦音，且在發音位置上主要由口腔的前後兩端的位置開始發音，推測

使用塞音化是由於聽力上的限制,以至於難以察覺擦音或塞擦音氣流的改變;而發音位置的習得則是受到視覺與觸覺的影響。

四、語言發展與溝通行為

相較於聽障的成人,Elfenbein(1992)認為聽障學童由於較缺乏語言的技能,因而遭遇較多溝通中斷問題。在聽障幼兒早期的溝通技巧研究方面,Lederberg 與 Everhart(2000)針對 22-36 個月的聽障和聽常嬰幼兒溝通技巧的研究中指出,兩組嬰幼兒在對母親的溝通技巧發展上有相似的表現,如:對母親溝通的回應、引起互動、對母親的共享式注意力(joint attention,即以非口語的方式來與人分享感興趣事物的能力,如:當媽媽拿著玩具逗弄孩子,孩子眼神從原來看著媽媽轉移到看著玩具,然後再看著媽媽並笑了出來)的反應類似,然而,聽障嬰幼兒卻明顯在維持話題、使用指示性語言、問句上出現語用溝通發展較遲緩的現象。

Nicholas、Geers 與 Kozak(1994)進一步研究年齡為 14 至 40 個月聽常和聽障學童在溝通行為發展上的差異。研究指出聽常學童在 30 個月時,已經具備標記(remark)、要求、回應問題、抗議、請求給予訊息等溝通行為,而聽障學童則遲至 40 個月時仍未發展出回應問題、請求給予訊息的溝通行為。綜合前述,凸顯聽障學童在早期語言發展與溝通行為有顯著落後聽常學童表現的現象。

五、對話輪替能力

聽障學童在溝通互動的情境中較難自然地參與對話輪替。Paatsch 與 Toe(2014)比較 31 位 7 至 12 歲、不同程度聽力損失的聽障學童與同齡 62 位聽常學童的語用能力表現,即指出聽障學童在與聽常學童互動時,話題輪替上較困難,也較有自顧自講話的主導話題情況。

聽障學童在溝通的過程中較容易因錯失聽取對話中輪到誰說話的線索，導致在對話輪替上有較多的不合宜行為，故而難以進行對話（Duchan, 1988）。

六、心智理論發展

相較於聽常學童，聽障學童在日常對話中較易因為自身聽力限制、言語特質、溝通行為和心智能力等因素，致使在對話中未能交換清楚的訊息因而遭遇溝通中斷（Caissie & Wilson, 1995），倘若又缺乏適當的口語溝通修補技巧，將可能降低雙方日後溝通的動機，甚至衍生其他人際互動上的誤解。

使用口語溝通的國小聽障學童，在了解複雜的心理運作、了解他人社交互動中的觀點常有困難（Ziv, Malchi, & Meir, 2007；引自 Most, Shina-August, & Meilijson, 2010, p. 432），因而在互動中難有合宜回應對方溝通需求的觀點的問題。陳郁璽（2008）針對聽障學童心智理論進行的研究指出，聽障學童的心智理論能力的發展歷程跟一般學童心智理論能力的發展歷程相同，其心智理論能力的發展歷程同樣會隨著年齡的發展漸趨成熟，惟在發展高層次心智能力時，聽障學童仍較一般學童遭遇較多的困難。

正因聽能和言語、溝通發展息息相關，故相較於聽常學童，聽障學童在日常對話中較易因為自身聽力限制、溝通互動經驗、言語發展和溝通行為、對話輪替能力，以及心智能力等因素，致使在對話中未能交換清楚的訊息因而遭遇溝通中斷，倘若又無法即時發展適當的口語溝通修補技巧，將可能降低雙方日後溝通的動機，甚或衍生其他人際互動上的誤解。

肆、口語溝通修補技巧之使用時機與類型

每個人都需要一塊橡皮擦，因為沒有人不會出錯。

——阿麗奇（2009）

　　溝通是人與人之間日常互動不可或缺的行為，因而，即時察覺溝通中斷的情況，適時進行口語溝通修補以提升溝通的有效性，益發顯得重要。

一、察覺溝通中斷

　　即時針對誤解或錯失的訊息請求澄清，將有助於原來的話題討論繼續或延伸新話題，提升說話者與傾聽者之間溝通的效能（Brinton, Fujiki, Loeb, & Winkler, 1986），如：當說話者傳達一段不清楚的訊息後，傾聽者利用疑問詞「Huh?／ㄏㄚˊ？」或問句：「我不了解，可不可以再說一次？」等修補方式提問，請求說話者澄清之前的話語。

　　對話中斷的可能因素包括：說話者的言語行為或意圖無法讓傾聽者理解（Wetherby, Alexander, & Prizant, 1998）、傾聽者誤解說話者的溝通意圖且未提出澄清的請求、未接收到說話者所欲傳達的訊息，或面對話題的轉移等（Halle, Brady, & Drasgow, 2004）。此外，倘若聽障者消極採取忽略或假裝理解的方式，則難以達到有效的溝通（Tye-Murray, 2006）。整體而言，筆者彙整 Tye-Murray（2006, pp. 260-263）因應溝通中斷的策略與可能結果如圖 5。

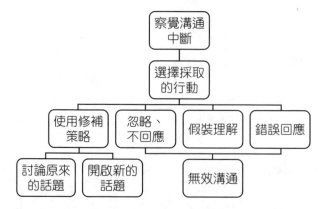

圖 5　因應溝通中斷的策略，取自賴曉楓、林桂如（2012，第 52 頁）

二、口語溝通修補的類型

　　溝通中斷是日常溝通的一部分，人們經驗到中斷的對話溝通時，最常使用請求澄清策略來修補；而適當地回應他人的請求澄清，乃是成功溝通重要的一環。因此，想了解人們處理溝通中斷的能力，需從口語溝通修補的角度著眼，從請求澄清及對於他人請求澄清的回應著手。

(一) 以口語溝通修補啟動的角度區分

　　當期待將原來中斷的溝通繼續下去時，即有賴口語溝通修補的介入，讓說話者依傾聽者的需求加以調整與修正，使對話得以延續（Gagné, Stelmacovich, & Yovetich, 1991）。整體上，以提供澄清者的角度粗略區分為他人開啟的接收性修補、自我開啟的表達性修補與請求澄清的回應（Schegloff, Jefferson, & Sacks, 1977）。筆者綜合文獻（賴曉楓、林桂如，2012；Ginzburg, Fernández, & Schlangen, 2007; Jeanes et al., 2000; Levelt, 1983）繪製如圖 6，並就以下三類加以討論：

1. 他人開啟的接收性修補

　　若個體意識到他人的話語傳遞訊息不明確，而主動提出疑問要求對方澄清（Ginzburg et al., 2007）。

2. 自我開啟的表達性修補

　　當個體意識到自己的言語或訊息無法傳達而造成溝通中斷，即進一步修正自己之前的話語或添加更多的背景訊息，讓中斷的溝通繼續下去（Levelt, 1983）。

3. 請求澄清的回應

　　此為較被動的修補形式，當面臨他人的提問，合宜地回應他人的請求澄

圖6 口語溝通修補開啟類型示意圖

註：以 A 為主體。

清，可以協助聽者了解之前的話語，使中斷的溝通繼續下去（Jeanes et al., 2000）。

朱芳誼與張鑑如（2011）指出，兒童在「要求澄清」的溝通中斷情境裡，最能適切進行口語溝通修補，故本書的活動將主要由引導者要求澄清（如：厂Ｙˊ？什麼？），引導兒童在溝通中斷時學習使用非特定、特定口語及非口語的溝通修補策略。

(二) 以口語溝通修補的形式區分

　　為修補中斷的溝通，傾聽者對說話者可能提出請求澄清的要求，或說話者需要對於傾聽者提出的請求澄清做出回應。對於兒童而言，遇到溝通中斷時，最常使用口語請求澄清的策略（Yont, Hewitt, & Miccio, 2002）。在回應請求澄清的口語溝通修補策略上，筆者綜合文獻（Anderson & Arnoldi, 2011; Baker & McCabe, 2010; Tye-Murray, 2006），將溝通修補以其修補形式區分為非特定口語溝通修補、特定口語溝通修補與非口語溝通修補三部分，進一步整理如表 3 至表 5，並分別舉例。

1. 非特定口語溝通修補

　　非特定口語溝通修補策略係指未針對特定訊息提出澄清之下，請求對方重新描述的語句（Baker & McCabe, 2010; Most, 2003）。儘管有學者將「重複」（repetition）（如：「請再說一次」）歸為特定的口語請求澄清（如：Tye-Murray, 2006），然而，Stelmacovich（2011）則認為以「請再說一次」的策略並未針對特定訊息請求他人澄清，故筆者亦將請求他人重複全部訊息的技巧歸為非特定的口語請求澄清策略。

　　在實務上，積極地請求對方重複時，如能清楚加入自己的需求，請對方調整說話的速度和音量，將能讓訊息透過重複而更加清楚，例如：具體請對方說慢一點、發音清楚一點、大聲一點或強調所欲表達的關鍵重點等加以重述（Anderson & Arnoldi, 2011）。

表 3 非特定口語溝通修補策略

策略	修補技巧	舉例
重複	重述原來描述的內容。	A（原始語句）：小狗跑得很快。 B（要求澄清）：請再說一次。 A（溝通修補）：小狗跑得很快！

2. 特定口語溝通修補

特定的口語溝通修補主要是強調透過重複部分訊息與修正的策略，亦即在保留原來句意的前提下，說話者藉由改變文法或用詞的方式進行澄清補述（Tye-Murray, 2006; Wetherby et al., 1998）。

當前研究在特定的口語溝通修補策略界定上儘管不盡相同，惟其本質仍多有重疊。綜合文獻（朱芳誼、張鑑如，2011；盧佩美，2009；賴曉楓、林桂如，2012；Anderson & Arnoldi, 2011; Most, 2003; Tye-Murray, 2006），筆者將其歸納為：重複部分訊息（repeat part of message）、修正（revision）、添加（addition）、提示（cue）、確認（confirm the message）等修補策略，另加入舉例，用以協助建立聽障學童修補對話、延續溝通的技巧。

表 4 特定口語溝通修補策略

策略	修補技巧	舉例
重複部分訊息	補充他人沒聽懂的部分訊息。	A（原始語句）：小狗跑得很快。 B（要求澄清）：ㄏㄚˊ？ A（溝通修補）：跑得很快。
修正	透過重新組詞或組句，修正原始語句的形式。	A（原始語句）：小女孩的頭髮被那個男孩拉著。 B（要求澄清）：ㄏㄚˊ？ A（溝通修補）：那個男孩拉小女生的頭髮！
添加	在原始語句之外再增加特定的新訊息。	A（原始語句）：他們在盪鞦韆。 B（要求澄清）：ㄏㄚˊ？ A（溝通修補）：有一個女孩和男孩在盪鞦韆。
提示	針對特定詞彙定義與提供背景線索： (1) 詞彙定義：說話者針對在原始語句中出現的詞彙、特殊名稱或術語做定義說明。 (2) 提供背景線索：說話者進一步提供傾聽者相關背景線索的說明，作為解釋其原始語句的架構。	例 1（詞彙定義） A（原始語句）：有一個人臉上有鬍鬚。 B（要求澄清）：什麼？ A（溝通修補）：臉上有短短的黑色碴碴。

表 4 特定口語溝通修補策略（續）

策略	修補技巧	舉例
提示		**例 2（提供背景線索）** A（原始語句）：我最喜歡吃奇異果了！ B（要求澄清）：什麼？ A（溝通修補）：就是外皮毛毛的、果肉有黃色也有綠色，裡面還一點一點黑黑的水果！
確認	透過不同的形式確認聽取訊息的正確性，包括： (1) 以問句確認原句意：透過拼音／字型／字音／字義／部首提示／文句複述等形式，以問句確認對方的訊息。 (2) 以問句歸納原句意：透過文句解讀的形式歸納，以問句確認對方的訊息。	**例 1-1（以問句確認原句意）** B（原始語句）：明天颱風天，放假一天。 A（要求澄清）：什麼？ （溝通修補）：你剛剛是說明天有颱風，所以放假一天嗎？ **例 1-2（以問句確認原句意）** B（原始語句）：你趕快午睡。 A（要求澄清）：什麼？ （溝通修補）：你是叫我趕快「五歲」還是「午睡」？ **例 2-1（以問句歸納原句意）** B（原始語句）：氣象預報說颱風已經在花東外海，預計晚上發布陸上颱風警報。 A（要求澄清）：ㄏㄚˊ？ （溝通修補）：所以意思是我們明天可能會放颱風假嗎？

註：主要以 A（學生）為主體，B（家長／教學者）為客體，旨在引導學童面對溝通中斷時，運用多元的口語溝通修補技巧。

3. 非口語溝通修補

對於重度聽障學童或聾童而言，相較於聽常學童，有明顯傾向使用非口語溝通修補的表現（Ciocci & Baran, 1998）。非口語溝通修補主要係指以文字、繪畫或手勢動作等方式輔助口語溝通的訊息傳遞（Anderson & Arnoldi, 2011; Ciocci & Baran, 1998）。

表5 非口語溝通修補策略

策略	修補技巧	舉例
書寫	以書寫文字的方式將訊息記錄下來。	以文字「動物園」表示。
繪畫	以繪畫的方式將訊息描繪下來。	以圖畫「動物園」表示。
手勢動作	以手勢、動作傳達訊息。	以「聳肩」傳達不清楚、不知道。

伍、提升聽障學童口語溝通修補技巧
的教學策略

當天空下起雨，雨把傘拉開兩人間的距離時，對於平常能聽、也會說的聽障女主角而言，在當下即使用盡所有感官、注意所有細節，還是難以聽清楚男主角在說些什麼……

——《雨樹之國》〔許金玉（譯），2011〕

當跨出家門或走出個別診療室的大門,外面的世界充斥的是不同程度的背景噪音,聽障學童終須面對因為距離遠近、背景噪音而遭遇聽不清楚或溝通中斷的情況。因此,引導聽障學童提升其口語溝通修補技巧的教學策略遂益發顯得重要。

一、建立為自己負責的態度

當說話者和傾聽者能覺察溝通中斷的原因,勇於承認不清楚的部分,才有可能繼續有意義的溝通,因此,當聽障者處於溝通中斷時,應留意訊息不清楚的地方,讓對方明白溝通中斷的原因,再運用接收性或表達性的修補策略(Tye-Murray, 2006)。

二、從結構性教學連結至真實的生活經驗

Brinton 與 Fujiki(1989)認為語言的構成之所以有意義,乃是運用在有意義的對話中。在聽障教育中,語言與溝通發展常是主要的目標,教學者常刻意在課程中加入許多語言互動的機會,以增進兒童在環境中使用口語溝通修補技巧的策略。當轉換結構式的教學情境至真實世界中時,聽障學童將需要由原來的單一訊息的解讀轉換至處理多重、複雜的訊息,教學者可適時與聽障學童討論關於遭遇溝通中斷的心理感受。此外,教學者也可以在真實情境中幫助學童運用口語溝通修補技巧,如:在超市購物時,事先請孩子協助購買特定物品,其中夾雜他不清楚的品項,鼓勵學童進一步使用口語溝通修補策略確認該物品為何。

具體而言,良好的聽語溝通訓練與應用(如圖 7),有賴透過結構性教學連結至真實的生活經驗,逐步擴展聽障學童口語溝通修補的技巧(Tye-Murray, 2006),以提升聽障學童口語溝通修補技巧。

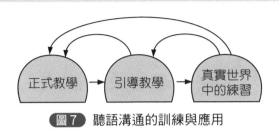

正式教學　→　引導教學　→　真實世界中的練習

圖7 聽語溝通的訓練與應用

三、擴展聽障學童口語溝通修補技巧策略的認識

　　當你飢腸轆轆來到餐廳，若此時翻開菜單只有賣一道你不愛吃的菜，你會選擇點這一道菜，抑或開口問店家是否有其他餐點？口語溝通修補的教學亦同此概念，倘若教學者慣用單一策略引導聽障學童解決聽不懂的情況，卻忽略運用其他多種有效的口語溝通修補策略，實際上乃是限制了兒童口語溝通修補菜單中的選擇性。

　　在教學中，筆者建議要教導聽障學童在遇到溝通中斷時，無論是扮演傾聽者或說話者的角色，皆應讓對方知道自己沒有聽清楚訊息的內容、為什麼沒有聽清楚與期待對方如何做，如：「**因為雨聲很大，我剛剛沒聽清楚我們約星期幾，可以請你大聲一點嗎？**」並適時確認對方接收的內容，如：「**因為雨聲很大，你可能沒聽清楚我們要約星期幾，我是說星期一，就是明天！**」

四、從活動中引導口語溝通修補策略的使用

　　為鼓勵聽障學童在日常生活中善用口語溝通修補技巧，教學者可利用教學活動，包括角色扮演日常生活事件（如：購物、點菜、打電話）、勞作、偶戲、疊積木、玩樂高、蒙眼找路等遊戲或活動（曾進興，1998）。

　　在活動中，藉由鼓勵學童完成正確傳達訊息的活動，加以引導使用口語溝通修補的策略。以蒙眼找路的遊戲為例，指示方向的人可能在某一個方位故意說得比較小聲、說話的速度快一些或者訊息不清楚，引導聽障學童運用不同的修補策略找到目的地。

陸、本書編排說明

　　「溝通」若是一條河道，「語言」和「言語」即是行駛其中的船隻，往返載送著所欲傳達的訊息、達到溝通的目的。

——劉麗容（1994）

如果溝通是一條寬闊的河道，筆者認為，口語溝通修補技巧的重要性恰如船上的槳，不論順流而下或逆流而上，皆控制船隻的行進速度，有效地將訊息傳遞至彼端。本書架構共分為四：理論篇、評估篇、活動篇、故事閱讀篇（如圖8），期能提供聽障生的家長及相關教學者在引導兒童發展多元對話溝通修補技巧時的參考。

圖8 本書架構圖

一、架構設計

對話的修補係指面臨口語不流暢或溝通中斷時，在維持相同的溝通意圖之前提下，運用某些方法修飾或修正訊息（Alexander, Wetherby, & Prizant, 1997）。有鑑於聽障學童在自然環境中，面對不同的環境背景噪音、距離說話者的遠近等因素，時有遭遇接收訊息或表達意圖時的挑戰，因而本書將由四部分進行說明：

(一) 理論篇

「理論篇」將針對溝通的重要性、影響聽障學童口語溝通修補技巧發展

的因素，進而探討提升其口語溝通修補技巧的教學策略。

(二) 評估篇

「評估篇」將針對如何在日常活動中評估聽障學童的慣用策略，以作為協助聽障學童發展口語溝通修補技巧的基礎。

(三) 活動篇

鑑於兒童在「要求澄清」的溝通中斷情境裡，最能適切地進行口語溝通修補（朱芳誼、張鑑如，2011），「活動篇」將針對引導者要求澄清（如：ㄏㄚˊ？什麼？）的前提下，引導兒童在溝通中斷時觀察和學習使用非特定／特定口語，及非口語的口語溝通修補策略。

(四) 故事閱讀篇

最後，本書將以「請多多指教」故事為例，分享如何在日常的閱讀活動中建立聽障學童的多元溝通修補技巧。

二、閱讀對象

為協助聽障學童發展精熟的口語溝通修補技巧，提供兒童在與人互動溝通時，能自然運用口語或肢體語言幫助話題的延續，本書希冀藉由學理和活動實務的分享，提供聽障生的家長及相關教學者引導兒童的對話溝通技巧，透過成人經常的引導和示範，協助這群孩子得以提升與人互動的對話技巧和自信。

---

* 本章感謝賴曉楓語言治療師的協助，特此謹表謝忱。

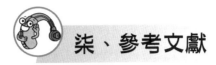

柒、參考文獻

中華民國殘障聯盟（2012）：**101年度「殘盟版」身障鑑定新制宣導專區**。取自網頁 http://www.enable.org.tw/scope/detail01.php? id=155

朱芳誼、張鑑如（2011）：一般兒童與自閉症兒童在不同溝通中斷類型之修補能力研究。**特殊教育研究學刊，36**（3），57-85。

呂淑如（1992）：**聽覺障礙兒童語言發展能力及相關因素之研究**（未出版碩士論文）。國立彰化師範大學特殊教育學系。

李芃娟（1998）：**聽障學童塞擦音清晰度研究**（未出版博士論文）。國立彰化師範大學特殊教育學系。

李宜潔（2006）：**學齡前聽障學童語音習得的分析**（未出版碩士論文）。靜宜大學英國語文學系碩士班，臺中。

身心障礙及資賦優異學生鑑定辦法（2013）。

卓士傑（2008）：**台灣學齡前三到六歲兒童構音／音韻發展**（未出版碩士論文）。國立臺北護理學院聽語障礙科學研究所。

林桂如、林郡儀（2015）：學前聽覺障礙兒童聲韻母發展與言語引導策略。**聽障期刊，14**，4-9。

林郡儀、林桂如（2015）：學前華語兒童聲韻母發展之探討。**特殊教育季刊，137**，31-38。

林寶貴（1985）：聽覺障礙兒童語言障礙與構音能力之研究。**特殊教育研究學刊，1**，144-160。

林寶貴（1994）：**聽覺障礙教育與復健**。臺北：五南。

林寶貴、林美秀（1993）：**學齡前兒童語言障礙評量指導手冊**。臺北：國立臺灣師範大學特殊教育研究所。

林寶貴、黃玉枝、黃桂君、宣崇慧（2007）：**修訂學前兒童語言障礙評量表**。

臺北：國立臺灣師範大學特殊教育學系。

阿麗奇（2009）：溝通的方法。臺北：臺灣英文雜誌。

張蓓莉（1997）：聽覺障礙學生注音符號聽取能力研究。**特殊教育研究學刊，15**，151-172。

許金玉（譯）（2011），有川浩（著）：雨樹之國──一生難以忘懷的定情之書（レインツリーの国）。臺北：新雨。（原著出版於 2006 年）

陳郁璽（2008）：**聽覺障礙學童心智理論之研究**（未出版碩士論文）。國立彰化師範大學復健諮商研究所。

曾進興（1998）：**怎樣實施身心障礙兒童的溝通訓練**。高雄：國立高雄師範大學特教中心。

劉麗容（1994）：**如何克服溝通障礙：病理、診斷、治療、保健**。臺北：遠流。

盧佩美（2009）：**高功能自閉症學童的對話修補技能之研究**（未出版碩士論文）。國立臺北護理學院聽語障礙科學研究所。

賴曉楓、林桂如（2012）：聽覺障礙學童之對話修補技巧與教學策略探討。**國小特殊教育，51**，49-60。

錡寶香（2006）：**兒童語言障礙──理論、評量與教學**。臺北：心理。

鍾玉梅（2005）：**聽覺障礙兒童的語言問題與治療**。取自網頁 http://bit.ly/1VSLeK4

Alexander, D., Wetherby, A., & Prizant, B. (1997). The emergence of repair strategies in infants and toddlers. *Seminars in Speech and Language, 18*, 197-212.

Baker, E., & McCabe, P. (2010). The potential contribution of communication breakdown and repair in phonological intervention. *Canadian Journal of Speech-Language Pathology and Audiology, 34*(3), 193-205.

Blaylock, R. L., Scudder, R. R., & Wynne, M. K. (1995). Repair behavior used by children with hearing loss. *Language, Speech, and Hearing Services in Schools,*

26, 27-285.

Bloom, L., & Lahey, M. (1978). *Language development and language disorders*. New York, NY: Wiley.

Boothroyd, A. (1984). Auditory perception of speech contrasts by subjects with sensor neural hearing loss. *Journal of Speech and Hearing Research, 27*, 134-144.

Brinton, B., & Fujiki, M. (1989). *Conversational management with language-impaired children: Pragmatic assessment and intervention*. Gaithersburg, MD: Aspen.

Brinton, B., Fujiki, M., Loeb, D. F., & Winkler, E. (1986). Development of conversational repair strategies in response to requests for clarification. *Journal of Speech and Hearing Research, 29*, 75-81.

Caissie, R., & Wilson, E. (1995). Communication breakdown management during cooperative activities by mainstreamed students with hearing loss. *The Volta Review, 97*, 105-121.

Ciocci, S. J., & Baran, J. (1998). The use of conversational repair strategies by children who are deaf. *Am Ann Deaf, 143*(3), 235-245.

Clark, M. (1989). *Language through living for hearing impaired children*. London, England: Hodder & Stoughton.

Davis, H., & Silverman, S. R. (1970). *Hearing and deafness* (3rd ed.). Holt, NY: Rinehart and Winston.

Duchan, J. F. (1988). Assessing communication of hearing-impaired children: Influences from pragmatics. *Journal of the Academy of Rehabilitative Audiology, 21*, 19-40.

Easterbrooks, S. R., & Baker, S. (2002). *Language learning in children who are deaf and hard of hearing: Multiple pathways*. Boston, MA: Allyn & Bacon.

Elfenbein, J. L. (1992). Coping with communication breakdown: A program of

strategy development for children who have hearing losses. *American Journal of Audiology, 1,* 25-29.

Elfenbein, J. L., Hardin-Jones, M. A., & Davis, J. M. (1994). Oral communication skill of children who are hard of hearing. *Journal of Speech and Hearing Research, 37,* 216-226.

Erber, N. (1988). *Communication therapy for hearing-impaired adults.* Abbotsford, Victoria, Australia: Clavis Publishing.

Furrow, D., & Lewis, S. (1987). The role of the initial utterance in contingent query sequences: Its influence on responses to requests for clarification. *Journal of Children Language, 14,* 467-479.

Gallaway, C., & Woll, B. (1994). Interaction and childhood deafness. In C. Gallaway & B. Richards (Eds.), *Input and interaction acquisition* (pp. 197-218). Cambridge, UK: Cambridge University Press.

Gagné, J. P., Stelmacovich, P., & Yovetich, W. (1991). Reactions to requests for clarification used by hearing-impaired individuals. *Volta Review, 93,* 129-143.

Ginzburg, J., Fernández, R., & Schlangen, D. (2007). *Unifying self- and other-repair.* In Proceedings of the 11th International Workshop on the Semantics and Pragmatics of Dialogue (DECALOG), pp. 57-63, Trento, Italy.

Halle, J., Brady, N., & Drasgow, E. (2004). Enhancing socially adaptive communicative repairs of beginning communicators with disabilities. *American Journal of Speech-Language Pathology, 13,* 43-54.

Harold, J. (2006). *Johnson conversational model.* Retrieved from http://goo.gl/n4Xfda

Hegde, M. N., & Maul, C.A. (2006). *Language disorders in children: An evidence based approach to assessment and treatment.* Boston, MA: Allyn & Bacon.

Hudgins, C. V., & Numbers, F. C. (1942). An investigation of the intelligibility of the speech of the deaf. *Genetic Psychology Monographs, 25,* 289-392.

Jeanes, R. C., Nienhuys, T. G. W. M., & Rickards, F. W. (2000). The pragmatic skills of profoundly deaf children. *Journal of Deaf Students and Deaf Education, 5*, 237-247.

Kiessling, J., Pichora-Fuller, M. K., Gatehouse, S., Stephens, D., Arlinger, S., Chisholm, T. H., Davis, A. C., Erber, N. P., Hickson, L., Holmes, A. E., Rosenhall, U., & von Wedel, H. (2003). Candidature for and delivery of audiological services: Special needs of older people. *International Journal of Audiology, 42*(2), 92-101.

Kumin, L. (2008). *Helping children with down syndrome communicate better: Speech and language skills for ages 6-14*. Bethesda, MD: Woodbine House.

Lederberg, A. R., & Everhart, V. S. (2000). Conversation between deaf children and their hearing mothers: Pragmatic and dialogic characteristics. *Journal of Deaf Studies and Deaf Education, 5*, 303-322.

Levelt, W. J. M. (1983). Monitoring and self-repair in speech. *Cognition, 14*, 41-104.

McLaughlin, S. (2006). *Introduction to language development*. Clifton Park, NY: Thompson Delmar.

Monsen, R. B. (1983). The oral speech intelligibility of hearing-impaired talkers. *Journal of Speech and Hearing Disorders, 48*, 286-296.

Most, T. (2002). The use of repair strategies by children with and without hearing impairment. *Language, Speech, and Hearing Services in Schools, 33*, 112-123.

Most, T. (2003). The use of repair strategies: Bilingual deaf children using sign language and spoken language. *American Annals of the Deaf, 148*, 308-314.

Most, T., Shina-August, E., & Meilijson, S. (2010). Pragmatic abilities of children with hearing loss using cochlear implants or hearing aids compared to hearing children. *Journal of Deaf Studies and Deaf Education, 15*(4), 422-437.

Nicholas, J. G., Geers, A. E., & Kozak, V. (1994). Development of communicative function in young hearing impaired and normally hearing children. *Volta*

Review, 96, 113-135.

Ohtake, Y., & Wehmeyer, M. (2010). Enabling a prelinguistic communicator with autism to use picture card as a strategy for repairing listener misunderstandings: A case study. *Education and Training in Autism and Developmental Disabilities, 45*(3), 410-421.

Owens, R. E. (1996). *Language development: An introduction* (4th ed.). New York, NY: Merrill.

Owens, R. J. (2010). *Language disorders: A functional approach to assessment and intervention* (5th ed.). Boston, MA: Pearson.

Paatsch, L. E., & Toe, D. M. (2014). A comparison of pragmatic abilities of children who are deaf or hard of hearing and their hearing peers. *Journal of Deaf Studies and Deaf Education, 19*(1), 1-19.

Ripley, K. R., Barrett, J., & Fleming, P. (2001). *Inclusion for children with speech and language impairments.* London, England: David Fulton.

Schegloff, E. A., Jefferson, G., & Sacks, H. (1977). The preference for self-correction in the organization of repair in conversation. *Language, 53,* 361-382.

Stelmacovich, P. (2011). *What's wrong with saying "What?"* Retrieved June 12, 2012 from http://deafenedbutnotsilent.wordpress.com/2011/11/14/whats-wrong-with-saying-what/

Sweetow, R., & Henderson-Sabes J. (2004). The case for LACE, individualized listening and auditory communication enhancement training. *The Hearing Journal, 57*(3), 32-40.

Tye-Murray, N. (1994). Communication strategies training. *Journal of the Academy of Rehabilitative Audiology, 27,* 193-207.

Tye-Murray, N. (2003). Conversational fluency of children who use cochlear implants. *Ear & Hearing, 24*(1), 82S-89S.

Tye-Murray, N. (2006). *Foundations of aural rehabilitation: Children, adults, and their family members*. San Diego, CA: Singular.

Wetherby, A. M., Alexander, D. G., & Prizant, B. M. (1998). The ontogeny and role of repair strategies. In A. M. Wetherby, S. F. Warren, & J. Reichle (Eds.), *Transition in prelinguistic communication* (pp. 135-161). Baltimore, MD: Paul H. Brookes Company.

Yont, K. M., Hewitt, L. E., & Miccio, A. W. (2002). "What did you say?": Understanding conversational breakdowns in children with speech and language impairments. *Clinical Linguistics and Phonetics, 16*, 265-285.

Part **2**

評估篇

Communication is a two-way street that sometimes needs repair!

—— Anderson & Arnoldi (2011)

 ## 壹、聽常與聽障學童溝通技巧之發展

　　兒童從出生至 2 歲前，每當大人變化音調或利用有聲玩具製造聲響時，孩子常會報以咕嚕聲、微笑或簡單的字詞，這其實就是最初的社交性互動，也是最基本的輪替遊戲。

　　一般學童溝通技巧的發展，隨著年紀的逐漸增長，其語言技巧也將越趨成熟。溝通修補能力和溝通修補意圖更是同時發展（朱芳誼、張鑑如，2011）。研究指出，對於前語言期的嬰幼兒而言，當母親故意不滿足其溝通意圖時，嬰幼兒傾向出現更引人注意的手勢或發出更大的聲音企圖修補溝通中斷（Alexander, Wetherby, & Prizant, 1997）。

Easterbrooks 與 Baker（2002）指出，2 至 3 歲的兒童開始能對自然情境下的要求或澄清的訊息做出回應（如：大人請他拿「杯子」，他可以將杯子拿過來）；4 至 5 歲的兒童則開始能針對傾聽者的回饋，改進和修正自己原來的訊息（如：媽媽糾正是「城堡」、不是「恩堡」，兒童能夠加以修改）；5 到 7 歲則開始能評價說話者訊息的內容，並表現出早期澄清訊息的技巧；至 11 歲時則多能具備特定與非特定的溝通修補技巧（如圖 9）。

Most（2002）另指出，8 到 11 歲的學齡聽常學童在特定和非特定的口語溝通修補策略上，有較平均的使用表現，即呼應 Ironsmith 與 Whitehurst（1978）所提出 9 至 10 歲後將趨於使用較特定的溝通修補策略。綜上所述，兒童在特定與非特定的溝通修補策略的使用，顯然隨著年齡的增加而越趨精熟，且非口語的手勢使用也會逐漸減少（柯佩華，2005；Alvy, 1986; Brinton, Fujiki, Loeb, & Winkler, 1986）。

在針對聽障學童溝通技巧的相關研究結果中，發現多數聽障學童慣用「重複」作為主要的口語溝通修補方式（賴曉楓，2010；Brinton et al., 1986），且擁有較佳溝通能力的聽障學童傾向擁有較正向的自信、動機和社會調適（Tye-

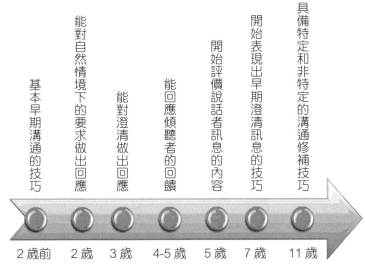

圖9 一般學童溝通技巧的發展，整理自 Easterbrooks 與 Baker（2002）

Murray, 2003）。此外，藉由結構化的溝通訓練，將能有效協助聽障者由原來單一的溝通修補技巧，發展為多元的修補策略（Tye-Murray, 1991）。故對於聽障學童家長或相關教育工作者而言，隨著聽障學童年紀的增長，及早協助其處理溝通中斷的問題，由自然、多元的口語溝通修補策略，達到積極溝通修補、延續對話的有效性乃刻不容緩。

阿明看著服務生端上的小菜，問：「可以換鮮奶嗎？」
服務生：「先生，抱歉喔！我們沒有鮮奶。」

阿明耐著性子，又說了一次：「我是說，可不可以『換鮮奶』？」
服務生聽得一頭霧水，再次解釋：「先生，超市才有賣鮮奶，我們真的沒有賣鮮奶耶！」阿明火冒三丈，桌子一拍，說：「換（飯）沒有鮮奶（先來），怎麼吃菜啊？」於是，恍然大悟的服務生這才連忙說：「不好意思！飯馬上來！」

圖10 發展多元的口語溝通修補策略乃是達到積極溝通修補的基石

貳、常用的評估方式

　　當聽障學童一路從配戴合適的聽覺輔具、接受聽語早期療育，到發展良好的聽語能力融入主流教育環境後，家長和教師普遍關切的是：面對現實環境中無所不在的噪音、距離、混響、說話者口音等諸多挑戰其訊息聽取的變因下，孩子是否具有多元的口語溝通修補技巧，足以幫助自己與他人的溝通。

　　一般而言，評估兒童溝通修補能力的方式主要有三（林桂如，2015；Brinton & Fujiki, 1989; Halle, Brady, & Drasgow, 2004）：(1)訪談：透過熟識兒童的家長與教師描述，藉以了解兒童面對溝通中斷的情形及反應；(2)自然觀察：引導者在自然情境下觀察兒童和他人溝通互動的情形，由逐字記錄溝通時的語料，再分析溝通中斷發生的頻率與類型、口語溝通修補的頻率與類型等，藉以測量其溝通行為；(3)結構化探查（structured probes）：由引導者設計溝通情境並計畫性地安排溝通中斷的發生，如：以「ㄏㄚˊ？」、「什麼？」、「我聽不懂」等連續性無特定請求澄清的方式，誘發學童進行更多的口語溝通修補行為。筆者綜合前述文獻，彙整兒童口語溝通修補能力常見的評估方式及其優缺點如表6。

一、從訪談了解兒童的慣用策略

　　對於較年幼的孩童，透過家長或熟識學童的師長訪談，可了解聽障學童面對溝通中斷的反應，並得知其在不同環境下的口語溝通表現；對於較年長的學童，可透過直接訪談的方式，請學童表達當遭遇溝通中斷時經常採取的反應。必要時也可搭配自陳式問卷或自行設計檢核表輔助訪談的進行。

　　藉由訪談熟識聽障學童的對象，可快速收集關於該名學童慣用的口語溝通修補方式，並縮小在自然情境下觀察學童所需要的可能情境。然而，這類

表6　兒童口語溝通修補能力常見的評估方式

方式	內容	優點	缺點
訪談	透過熟識學童的家長與教師描述，藉以了解兒童面對溝通中斷的情形及反應。	可提供口語溝通修補相關的初步資料，縮小在自然情境下觀察學童所需要的可能情境。	信度不佳，依賴進一步關聯的情境脈絡線索。
自然觀察	引導者在自然情境下觀察兒童和他人溝通互動的情形，由逐字記錄溝通時的語料，再分析溝通中斷發生的頻率與類型、口語溝通修補的頻率與類型等，藉以測量其溝通行為。	較符合兒童的真實能力。	較耗時；溝通中斷情形出現的次數密度不足，不易收集足夠的語料。
結構化探查	由引導者設計溝通情境並計畫性地安排溝通中斷的發生，藉以誘發兒童的口語溝通修補行為而得知。	較有效率的收集與分析口語溝通修補行為。	有賴和兒童較熟稔的引導者進行探查；有時兒童可能不易誘發。

方式也經常有信度不佳的問題，並往往依賴進一步關聯的情境脈絡線索，如：「當小明和學校同學溝通過程中遭遇中斷時，小明經常採取忽略的方式。」其情境即需要釐清事件發生的前後脈絡，方能了解「是在什麼樣的情境下，當小明和學校同學溝通過程中遭遇中斷時，小明經常採取忽略的方式」。常用的訪談內容如表7。

表7　評估口語溝通修補能力常用的訪談內容

1.您覺得該名聽障學童和他人溝通時互動如何？
2.您觀察到哪些情境下，聽障學童經常遇到溝通中斷的情形？
3.當遇到溝通中斷時，聽障學童經常的反應為何？
4.如果想進一步讓對方理解所欲表達的內容，聽障學童經常採用怎樣的回應方式修補溝通？

二、由自然觀察中評估兒童的慣用策略

一般孩子在學習語言的歷程中都會經歷啼哭、咕咕、微笑、咯咯笑、發出不同聲音（如：咿咿呀呀）、玩聲音、模仿聲音、學著吹氣和呢喃、模仿大人音調、首字、短詞、組句、會話等的語言發展過程，對於聽障孩子亦是如此，只是方式未必相同。

當兒童對這世界越來越感到好奇時，建議教學者和家長可以跟著孩子的腳步，告訴他那些他想探索的事物，試著從他有興趣的事物中描述他所感受、看見、聽見和感興趣的事情，接著再陪伴孩子一同學習。

在觀察聽障孩子慣用的口語溝通修補技巧上，教學者和家長可以透過觀察孩子喜好的玩具或活動，以及多元選擇玩具和玩法，並且在互動過程中適時加入請求澄清的策略，藉以觀察其溝通修補技巧。

(一) 了解孩子的興趣

成人在與兒童一起互動遊戲時，首要乃是觀察了解兒童感興趣的遊戲活動種類、兒童的溝通意圖、兒童的反應，同時也要觀察自己如何和兒童溝通互動，及自己的方式對兒童溝通行為反應的影響。

當與兒童建立良好的溝通互動關係後，大人可開始嘗試在維持兒童的興趣下，擴展孩子玩的時間、玩法，以及與他人輪流遊戲的次數。經由以孩子的喜好和選擇為起點，選擇適齡的玩具（如圖 11），從遊戲中建立輪流的互動機制，並察覺孩子的學習特點，進而誘發其溝通修補動機。

圖11 一般兒童常見的遊戲活動

(二) 彈性變化玩法誘發溝通修補

　　教師和家長在觀察兒童口語溝通修補技巧時，為提供許多語言互動與教學的練習，可藉由教學者選擇教材與活動過程，穿插請求澄清的策略（如圖12），一方面增進兒童溝通對話的機會，另方面也可真實觀察兒童的溝通修補表現（林寶貴，1998；洪右真、林桂如，2015；Ostrosky & Kaiser, 1991）：

1. 趣味教材：提供兒童喜歡的教材與活動。由自由活動時間的觀察與家長的說法，可以確定兒童的偏好，並要不時替換這些教材，以保持學生的興趣。

2. 看得到、拿不到：將一些兒童喜歡的東西，放在看得到卻拿不到的地方，以鼓勵兒童做請求。例如：在點心時間，教師將餅乾放在兒童拿不到的地方，若兒童伸手去拿那塊餅乾，則引導者鼓勵其提出請求；一旦兒童做請求，引導者可假裝沒聽懂，鼓勵兒童進一步進行溝通修補。若兒童本身沒有口語，則請兒童指出或運用溝通輔具做要求和溝通修補。

3. 分配不均：提供兒童少量或分配不均的教材，如：積木，當兒童需要更多時，他們可能就會做請求。一旦兒童做出請求，引導者可假裝沒聽懂，鼓勵兒童進一步進行溝通修補。

4. 做選擇：兒童常被鼓勵與要求在兩樣物品中做選擇，例如：點心時間時，兒童可能會被要求在水果與餅乾之間做選擇。一旦兒童做出選擇，引導者可假裝沒聽懂，鼓勵兒童進一步進行溝通修補。若兒童本身沒有口語，則用指的方式亦可以接受。

5. 請求協助：設計一項兒童需要幫助的情境將可以提供溝通的機會。一個纏在一起的玩具或打不開的罐子等，都可能提供兒童向大人請求幫忙的機會。當兒童做出請求時，引導者即可假裝沒聽懂，鼓勵兒童進一步進行溝通修補。

圖 12 由自然的互動，最能真實觀察兒童的口語溝通修補技巧

三、由結構化探查評估兒童慣用的口語溝通修補技巧

自然情境的評估方式容易因溝通中斷情形出現的次數密度不足，導致無法收集足夠的語料。因而，國內外相關研究中常使用結構化探查特定族群的口語溝通修補行為，並藉由連續性澄清要求的誘導，了解兒童的口語溝通修補行為（朱芳誼、張鑑如，2011；賴曉楓，2010；Brady, McLean, McLean, & Johnston, 1995; Meadan, Halle, Watkins, & Chadsey, 2006），如：利用疊疊樂遊戲一來一往要求對方配合指令的活動，藉以了解兒童的口語溝通修補與回應的能力（Elfenbein, 1992）。

(一) 提問時機

在自然的互動情境下，透過自由對話或遊戲活動中的連續提問誘發兒童

進行溝通修補，乃是了解兒童慣用的口語溝通修補技巧的好時機（Evans & Craig, 1992; Southwood & Russell, 2004)。

(二)善用教具媒材輔助

各式教具媒材，對於每位孩子皆具有不同程度的吸引魔力。身為教學者和家長，在與孩子的互動中若能適時善用不同屬性的教具媒材，輔助聽障幼兒在日常的口語溝通修補技巧訓練，將有助於提高幼兒學習的興趣和專注力。

引導者在挑選教具媒材時，首要應了解一般幼兒發展的歷程，亦應著重不同聽障幼兒的特質和活動目標，選擇具有互動功能的媒材，以增加其與他人互動溝通的機會。

(三)結構化探查舉例與記錄

在自然的溝通情境中，當有一方屢屢表示：「ㄏㄚˊ？」、「什麼？」或「我聽不懂」等訊息時，經常會讓另一方產生情緒反應，因此在結構化探查的過程中宜避免過多次數的請求澄清（Most, 2002）。一般來說，在連續的請求澄清對話中，建議至多使用三次請求對方釐清最初話語即可（Brinton et al., 1986; Most, 2002, 2003），並可利用自由對話和遊戲情境加以探查，筆者另舉例如表8。

為客觀記錄兒童慣用的口語溝通修補技巧，引導者可先判斷兒童出現的修補行為屬於適當回應或不當回應，如為適當回應，則依照溝通修補策略（參見23-26頁）的分類進行記錄（如表9）。若兒童在引導者出現溝通中斷後5秒內未出現任何回應，引導者可重複一次原本的對話，若5秒後仍未出現任何口語或非口語的修補行為，則記錄為不當回應。

當完成記錄表後，引導者可統計兒童慣用的溝通修補策略，並參考之前訪談與觀察的資料，以作為了解兒童慣用的口語溝通修補反應與接續教學引導的基礎。

表8 結構化探查舉例

1. 自由對話

引導者利用設定的主題和兒童進行自由對話，如：自我介紹、環境介紹、今天在學校發生的事情等，挑選與兒童經驗相關的不同主題進行對話，並針對對話的內容適時提出連續性澄清要求（如：ㄏㄚˊ？什麼？你剛剛說什麼？），以誘發兒童的修補對話行為並觀察之。

2.遊戲情境一：猜謎遊戲

引導者和兒童一起進行「猜猜我是誰」的猜謎遊戲（如圖A）。首先由引導者準備多張人物圖卡，並說明遊戲規則：「現在我們要來玩猜謎遊戲，你先抽一張圖卡，不可以讓我看到喔！待會我來猜猜看這張卡片上的人是誰，等我猜完了，換你猜！我們要輪流給線索讓對方來猜答案，猜對的人可以得一分！」

接者，引導者先示範提供對方線索的原則，如：「我的人物是一位男生，所以，你的圖卡中如果是男生就留著，不是男生的卡片就拿掉」，接著說：「現在換你說說看你的卡片人物線索讓我猜」，以確認兒童理解遊戲規則（如圖A）。若兒童不懂如何說明線索及遊戲的蓋牌規則，則引導者需要繼續舉例示範。

當兒童理解遊戲規則後則開始遊戲，在遊戲雙方一問一答的過程中，引導者提問連續性澄清要求（如：ㄏㄚˊ？什麼？你剛剛說什麼？），以誘發受試學童的修補對話行為，並重複猜謎遊戲直至引導者已提問三次連續性請求澄清為止。

A：他是男生。
B：ㄏㄚˊ？
A：他是男生！

A：他的臉圓圓的。
B：你剛剛說什麼？
A：他的臉像雞蛋一樣圓圓的！

A：他有戴眼鏡。
B：什麼？
A：他有戴眼鏡！

圖A 遊戲情境下的結構化探查舉例

表8 結構化探查舉例（續）

3. 遊戲情境二：說故事

提供一組連續故事圖卡讓兒童看圖說故事，順序圖卡分別是：(1)開學第一天；(2)小花上台自我介紹；(3)小花介紹她的助聽器和電子耳；(4)小花希望成為大家的好朋友。引導者先和兒童說明：「我們現在來看圖說故事，先幫我排一排這些故事圖卡，然後再來說故事，越詳細越好喔！」

當引導者和兒童一邊排出故事圖卡順序，一邊說完故事主題大意後，接著請兒童描述完整故事，越詳細越好。當兒童開始敘述故事圖卡時，由引導者在開始敘述的第一分鐘後提出三次連續性澄清要求（如：ㄏㄚˊ？什麼？你剛剛說什麼？），以誘發兒童口語溝通修補行為並觀察之。

表9 兒童慣用的口語溝通修補技巧記錄表

形式	引導者請求澄清			策略分類編號
	兒童第一次回應的策略	兒童第二次回應的策略	兒童第三次回應的策略	
自由對話	如：01	如：01	如：03	00 不當回應 01 重複 02 重複部分訊息 03 修正 04 添加
遊戲情境	如：01	如：02	如：01	05 提示 06 確認 07 書寫 08 繪畫 09 手勢動作

 **參、參考文獻**

朱芳誼、張鑑如（2011）：一般兒童與自閉症兒童在不同溝通中斷類型之修補能力研究。**特殊教育研究學刊，36**（3），57-85。

林桂如（2015 年 9 月）：**聽覺障礙兒童對話溝通修補能力之評量**。中華溝通障礙教育學會主辦之「兩岸溝通障礙學術研討會」，臺北。

林寶貴（1998）：學前兒童的語言治療與介入。**特殊園丁，14**，1-8。

柯佩華（2005）：幼兒口語修復型態（未出版碩士論文）。國立成功大學外國語言文學研究所，臺南。

洪右真、林桂如（2015）：幼兒導向式語言運用在聽覺障礙早期療育實務之探討。**特殊教育季刊，134**，21-30。

賴曉楓（2010）：國小聽障與聽常學童回應請求澄清之研究（未出版碩士論文）。臺北市立教育大學特殊教育學系。

Alexander, D., Wetherby, A., & Prizant, B. (1997). The emergence of repair strategies in infants and toddlers. *Seminars in Speech and Language, 18,* 197-212.

Anderson, K. L., & Arnoldi, K. A. (2011). *Building skills for success in the fast-paced classroom optimizing achievement for students with hearing loss*. Butte, OR: Butte Publications.

Alvy, K. T. (1986). Relation of age to children's egocentric and cooperative communication. *Journal of Genetic Psychology, 112,* 275-286.

Brady, N., McLean, J., McLean, L., & Johnston, S. (1995). Initiation and repair of intentional communication acts by adults with severe to profound cognitive disabilities. *Journal of Speech and Hearing Research, 38,* 1334-1348.

Brinton, B., Fujiki, M., Loeb, D. F., & Winkler, E. (1986). Development of conversational repair strategies in response to requests for clarification. *Journal of Speech and Hearing Research, 29*, 75-81.

Brinton, B., & Fujiki, M. (1989). *Conversational management with language-impaired children: Pragmatic assessment and intervention.* Gaithersburg, MD: Aspen.

Easterbrooks, S. R., & Baker, S. (2002). *Language learning in children who are deaf and hard of hearing: Multiple pathways.* Boston, MA: Allyn & Bacon.

Elfenbein, J. L. (1992). Coping with communication breakdown: A program of strategy development for children who have hearing losses. *American Journal of Audiology, 1*, 25-29.

Evans, J. L., & Craig, H. (1992). Language sampling collection and analysis: Interview compared to freeplay assessment contexts. *Journal of Speech and Hearing Research, 35*, 343-353.

Halle, J. W., Brady, N. C., & Drasgow, E. (2004). Enhancing socially adaptive communicative repairs of beginning communicators with disabilities. *American Journal of Speech-Language Pathology, 13*, 43-54.

Ironsmith, W., & Whitehurst, G. (1978). The development of abilities in communication: How children deal with ambiguous information. *Children Development, 49*, 348-352.

Meadan, H., Halle, J. W., Watkins, R. V., & Chadsey, J. G. (2006). Examining communication repairs of 2 young children with autism spectrum disorder: The influence of the environment. *American Journal of Speech-Language Pathology, 15*, 57-71.

Most, T. (2002). The use of repair strategies by children with and without hearing impairment. *Language, Speech, and Hearing Services in Schools, 33*, 112-123.

Most, T. (2003). The use of repair strategies: Bilingual deaf children using sign language and spoken language. *American Annals of the Deaf, 148*, 308-314.

Ostrosky, M., & Kaiser, A. (1991). Preschool classroom environments that promote communication. *Teaching Exceptional Children, 23*, 6-10.

Southwood, F., & Russell, A. F. (2004). Comparison of conversation, freeplay, and story generation as methods of language sample elicitation. *Journal of Speech, Language, and Hearing Research, 47*, 366-376.

Tye-Murray, N. (1991). Repair strategy usage by hearing-impaired adults and changes following communication therapy. *Journal of Speech Language Hearing Research, 34*(4), 921-928.

Tye-Murray, N. (2003). Conversational fluency of children who use cochlear implants. *Ear & Hearing, 24*(1), 82S-89S.

帶得走的溝通技巧

Part 3
活動篇

溝通是兩個人以上相互扮演說話者與傾聽者角色行為的過程，且兩者間持續交換分享意見、想法或生活經驗，因而可視為訊息交換的歷程（錡寶香，2006）。對話溝通是複雜的互動系統，囿於聽障學童聽力上的限制，相對於一般聽常學童而言，更容易遭遇對話溝通的困難。因此本書「活動篇」期盼能透過自然的活動練習，由引導者的示範，帶領聽障學童從中學習帶得走的溝通修補技巧。

　　有鑑於此，本篇首先將引導學童學習辨識溝通中斷時可能伴隨的臉部表情和肢體動作，以及在面對溝通中斷時，可透過非特定口語溝通修補策略來使用請求重複；其次，為鼓勵聽障學童成為積極的溝通者，筆者分別針對特定口語溝通修補策略設計不同活動，包含：重複部分訊息、修正、添加、提示（詞彙定義、提供背景線索）、確認（以問句確認原句意、以問句歸納原句意）等；最後，為輔助對話的有效溝通，另針對非口語的溝通修補策略，包含：書寫、繪圖、手勢動作等方式，引導聽障學童有效練習多元的溝通修補技巧。

壹、察覺溝通中斷

　　偉偉跟小豪是無話不談的好朋友，每天一見面都要先討論兩人最喜愛的卡通劇情，可是今天卻有點奇怪……當偉偉興高采烈地描述昨天機器人大戰怪獸使用的絕招時，好朋友小豪不但沒有加入話題，腦中還浮現點點點外加一個大問號。究竟發生什麼事了呢？難道小豪不再喜歡這個卡通了嗎？還是他聽不懂偉偉說的話？為什麼他們之間的對話卡住了呢？

圖 13 對話溝通容易因為訊息的傳遞或接收出錯，而導致溝通中斷

　　在上例中，小豪顯然是遇到溝通卡住的問題，也就是傾聽者在接收訊息上出了問題。從小豪困惑的表情，可以推測他可能聽不明白偉偉說的話，所以無法即時回應。一個有效的溝通，來自於談話雙方能夠理解彼此所傳達的訊息，倘若其中一方不能理解對方傳達的訊息，則雙方的溝通將受到阻礙而中斷，若說話者能察覺並積極修補，便能重新搭建對話的橋梁。

　　如何有效察覺溝通中斷呢？當我們與對話者溝通時，可從「臉部表情」

與「肢體動作」線索加以解讀和判斷其訊息。

　　臉部表情在對話溝通時會透露很多資訊，能否分辨這些表情，將影響溝通的有效性與過程的順暢性。藉由臉部表情的變化，去推論與理解對方的情緒以及心理狀態，進而解釋或預測對方的行為，並做出適切回應的能力，可稱之為「心智解讀」（Golan, Baron-Cohen, & Hill, 2006）。心智解讀的能力與溝通息息相關，而認識與分辨談話之中常見的表情，將有助於有效溝通的進行。以下將就溝通對話中常見的臉部表情：疑惑、興奮、憤怒與悲傷等，分別設計辨識活動（如表 10），期能藉由活動加強學童在溝通過程中，正確判斷對話者表情涵義的能力，進而提升溝通效能與品質。

圖 14　表情百百種，每種表情都代表著不同的意思

　　除了臉部表情之外，肢體動作也同時在溝通的過程中傳遞了資訊，例如：對話時出現的點頭、搖頭、聳肩、攤手等動作反應又有什麼涵義呢？簡單來說，「點頭」多半是帶有肯定意味，這個動作可能代表「我知道」、「我聽懂了」或「我贊同」等具有正面意義的想法；反之，「搖頭」、「攤手」與「聳肩」則帶有「我不知道」、「我沒辦法」、「我不明白」或「我沒意見」等涵義。

圖15 溝通對話時，身體同時也會出現反應的動作喔！

　　當溝通中斷時，對方的臉部表情與肢體動作往往透露了關鍵的訊息，因此，學習辨識這些表情與動作的「弦外之音」將分外重要。接續內容將分別針對臉部表情與肢體動作設計不同的教學活動（如表10），以提供引導者帶領學童邁出學習察覺溝通中斷的第一步。

表10 臉部表情與肢體動作活動列表

策略	目標	活動
臉部表情	藉由觀察對方臉部表情的變化，去推論與理解對方的情緒。	1-1 表情變變變
	藉由不同的情境與對話內容，去推論與理解對方的表情。	1-2 這時會是哪張臉？
肢體動作	分辨不同情境下的肢體動作所傳遞的訊息。	1-3 身體會說話——這代表什麼意思？
	覺察在不同情緒的狀況下，身體可能出現的肢體動作。	1-4 身體還說了什麼？

活動 1-1　臉部表情：表情變變變

設計者：李倩雯、鍾雅婷

項目	內　　　容
活動目標	藉由觀察對方臉部表情的變化，去推論與理解對方的情緒。
活動準備	學習單 1-1（預先剪下男生和女生的表情）、膠水、一位引導者。
活動方式	(1) **告知**：地震後，表情博物館許多畫像都掉落了，我們要先仔細觀察每個畫像的臉部表情變化，並幫忙依照作品介紹，對應出正確的表情畫像。 (2) **示範**：準備男生的四個表情、膠水和一張學習單。 　　引導者：「這個作品表示當我們瞪大眼、張大嘴巴，同時露出笑容的時候，可能代表我們對於對方說的話感到興奮。」（隨機挑選一個作品說明） 　　學童：「興奮是什麼意思？」 　　引導者：「興奮就是開心到很激動的情緒，我來幫忙找找看哪一個表情看起來是興奮！」 　　（引導者挑出對應的表情，用膠水黏到作品說明上方的畫框內） (3) **參與**：在引導者示範活動進行方式與技巧後，讓學童加入活動，實際練習「認識表情」。（運用女生的表情） (4) **回饋**：活動結束後，引導者帶領學童思考是否有其他可觀察出這些表情的地方。
活動提醒	對學童說明表情時，引導者宜盡量以臉部可觀察的細節來解釋，如：抿嘴、斜眼等。
活動延伸	(1) 引導學童思考遇到哪些事件可能會產生憤怒的情緒（如：當蓋好的積木被別人故意撞倒時，此時可能會感到憤怒）。 (2) 教導學童認識其他表情，如：恐懼、驚訝、無趣、理解。

表情變變變

　　歡迎來到表情博物館！在這間專門收藏表情畫像的博物館中，每一幅畫像都有作品說明，請依照作品介紹幫忙找出每一幅畫像嘍！

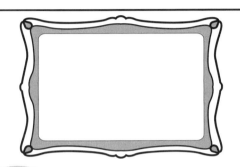

作品

當我們瞪大眼睛、張大嘴巴，同時露出笑容的時候，表示我們對於對方說的話感到興奮。

作品

當我們歪頭或是皺眉的時候，表示我們對於對方說的話感到疑惑。

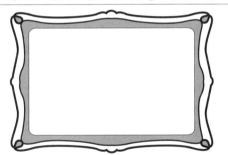

作品

當我們瞪大眼睛或是豎起眉毛的時候，表示我們對於對方說的話感到憤怒。

作品

當我們的眉毛或是嘴角下垂的時候，表示我們對於對方說的話感到悲傷。

活動 1-2　臉部表情：這時會是哪張臉？

設計者：李倩雯、鍾雅婷

項目	內　　容
活動目標	藉由不同的情境與對話內容，去推論與理解對方的表情。
活動準備	學習單 1-2（預先剪下八種不同表情）、膠水、兩位引導者 A 和 B。
活動方式	(1) **告知**：這裡有八個對話情境，但人物都還未貼上他們的表情，請幫忙想想在這樣的對話情境下，男生和女生各會是怎樣的表情呢？ (2) **示範**： 　引導者 A：「上禮拜，我養的小狗生病住院了。」（唸出第一個漫畫的男生對話框） 　引導者 A：「你覺得男生的表情會是哪一個？」 　引導者 B：「我覺得男生的表情應該很悲傷。」（找出悲傷的表情，並用膠水貼在第一格的男生區） 　引導者 B：「我終於買到搶手的電影預售票嘍！」（唸出第一個漫畫的女生對話框） 　引導者 B：「你覺得女生的表情是哪一個？」 　引導者 A：「我覺得她很期待看這場電影，所以能買到票應該是興奮的表情！」（找出興奮的表情並用膠水貼在第一格的女生區） 　（示範題數可依學童狀況調整） (3) **參與**：在引導者示範活動進行方式與技巧後，讓學童加入活動，實際練習「臉部表情」。 (4) **回饋**：活動結束後，引導者引導學童思考還有哪些事件會產生這些情緒。
活動提醒	引導者在告知學童對話內容時，可視學童的個別學習需求調整提示的程度。
活動延伸	針對四種表情的雙人對話情境延伸出題，讓學童練習分辨不同情境下的人物可能有的表情。

想想看，在這樣的情境對話下，這些人的表情會是怎樣呢？一起剪下表情圖卡並找出對應的情況是哪一個吧！

男生	女生
男生說：「上禮拜，我養的小狗生病住院了。」	女生說：「我終於買到搶手的電影預售票嘍！」
男生說：「耶！明天要去校外教學！」	女生說：「我們要去哪裡旅遊呢？」
男生說：「就叫你不要搶了！」	女生說：「你不要在旁邊吵啦！」
男生說：「你記得老師說今天要帶什麼來學校嗎？」	女生說：「時間過得很快，我即將要離開學校了。」

<table>
<tr><td colspan="2" align="center">活動
1-3</td><td align="center">肢體動作：
身體會說話——這代表什麼意思？</td></tr>
</table>

設計者：李倩雯、鍾雅婷

項目	內　　容
活動目標	分辨不同情境下的肢體動作所傳遞的訊息。
活動準備	學習單 1-3（預先剪下肢體動作圖片）、膠水、兩位引導者 A 和 B。
活動方式	(1) **告知**：和他人對話時，有時會運用肢體動作讓別人理解自己表達的意思；反之，我們也可從他人的動作推測出對方想表達的訊息。 (2) **示範**：引導者 A 和引導者 B 以討論的方式，共同決定對話框內會有哪一些可能動作。 　引導者 A 唸出對話框內容：「同學說：『我不知道！』」請問你覺得在說這句話時，同學可能還會做哪些動作，來表示「我不知道」。 　引導者 B：「我覺得同學可能會有搖搖手的動作，你覺得還可能有哪些動作嗎？」 　引導者 A：「我覺得可能還有聳肩的動作。」 　引導者 B：「嗯！有些人在說不知道時，確實會有聳肩的動作。」 　（引導者 A 和引導者 B 共同決議，將動作圖片的答案用膠水貼在該對話框內） (3) **參與**：引導者示範後，再引導學童加入討論的內容進行活動。 (4) **回饋**：活動結束後，引導者帶領學童思考還有哪些事件會產生這些肢體動作。
活動提醒	(1) 對於肢體動作的解釋，有時會遇到不確定或帶有反對意見的狀況，也可能同時出現多種肢體動作，引導者在活動進行中宜帶領學童以討論方式達到共識。 (2) 肢體動作的對話框內容可以隨機出題。
活動延伸	引導學童思考搖頭、搖手、攤手、點頭、聳肩等肢體動作，還可能出現在哪些情境中，並說明原因。

身體會說話──這代表什麼意思？

　　和同學聊天時，常看見對方會用肢體動作輔助想表達的訊息，請想想看當我們說不同話語時，可能搭配哪些肢體動作讓對方更了解意思？

同學說：「我聽懂了！」	同學說：「我不知道！」
同學說：「我同意你說的！」	同學說：「我不能幫忙！」
同學說：「我沒辦法！」	同學說：「我不想談了！」

肢體動作圖

活動 1-4 肢體動作：身體還說了什麼？

設計者：李倩雯、鍾雅婷

項目	內　容
活動目標	覺察在不同情緒的狀況下，身體可能出現的肢體動作。
活動準備	學習單 1-4、鉛筆、兩位引導者 A 和 B。
活動方式	(1) **告知**：當我們感覺到喜怒哀樂等不同情緒時，身體會隨著心情做出不同的肢體動作。請想想蜘蛛一家人在不同心情的狀況下，還會出現哪些肢體動作呢？ (2) **示範**：引導者 A 負責講述題目，引導者 B 引導學童將討論結果記錄下來。 引導者 A：「當牠們開心的時候，可能會高興得跳起來。你覺得呢？」 引導者 B：「我覺得牠們開心的時候，可能會大聲地笑。」 引導者 A：「開心的時候也可能只有微微地笑，你還有想到其他可能在開心時出現的動作嗎？」 引導者 B：「開心的時候也可能會一邊笑一邊拍手。」 引導者 A：「嗯！也有可能開心地捧腹大笑。」 （其他題目如上列方式持續進行） (3) **參與**：在引導者示範活動進行方式與技巧後，讓學童加入活動。 (4) **回饋**：活動結束後，引導者帶領學童思考還有哪些不同的情緒及可能會有的肢體動作。
活動提醒	引導學童從淺到深的情緒感受中，思考可能會有的肢體動作。
活動延伸	(1) 觀察默劇中角色的肢體動作，覺察與分辨當中可能的情緒及代表的訊息。 (2) 從漫畫單格的畫面中，判斷角色的心情感受。

學習單 1-4

身體還說了什麼？

當我們感到喜怒哀樂時，身體會隨著情緒做出不同的肢體動作。現在蜘蛛一家的每位家人都有著不同心情，請一起想想看牠們當時可能會做出的肢體動作是什麼？

當開心的時候，你會……
跳起來 _____ _____
_____ _____

當 _____ 的時候，你會……
_____ _____
_____ _____

當生氣的時候，你會……
握拳 _____ _____
_____ _____

當興奮的時候，你會……
雙手舉高 _____
_____ _____

當難過的時候，你會……
低頭 _____
_____ _____

貳、非特定口語溝通修補策略

　　非特定口語溝通修補策略指的是未針對特定訊息提出澄清之下，請求對方重新描述語句，如：「什麼？」、「請再說一次？」與「你剛剛說什麼？」亦即請求對方重複的能力。

　　當聽者無法理解對話者的訊息時，為使溝通持續進行，便會出現請對方重複語句的反應，而無法理解對話內容的原因可能來自：對方說話音量過小、語速過快或是內容較長等。但是，如果一再請求重複卻沒有說明原因或希望對方調整的方式，很容易造成說話者失去耐心、對話被二次中斷，甚至直接結束話題。

　　因此，在練習非特定口語請求澄清策略時，當學童提出請求重複的要求，引導者在重述語句之前可以先詢問：「為什麼？」藉以引導學童說明聽不清楚的原因，如：「你覺得我說話的速度太快嗎？」緊接著再問：「你希望我怎麼做呢？」逐步引導學童說出希望對方在說話上的調整，如：「請您說慢點」、「請您說大聲一點」等。

　　以下我們將利用不同的情境，設計非特定口語溝通修補策略的活動（如表 11），並引導學童學習說明原因與禮貌請求對方重述時可以做的調整。

表 11　非特定口語溝通修補策略活動列表

策略	目標	活動
請求重複	當說話的人聲音太小時，能請對方大聲一點、再說一次。	2-1 老鼠弟弟的料理
	當說話的人語速太快時，能請求對方放慢速度再說一次。	2-2 美食小記者
	當說話時有環境聲音干擾的情況下，能請求對方放大音量，或是換到安靜的地方再說一次。	2-3 便利商店買東西

請求重複：老鼠弟弟的料理

設計者：李倩雯

項目	內　　容
活動目標	當說話的人聲音太小時，能請對方大聲一點、再說一次。
活動準備	學習單 2-1、鉛筆、一至兩位引導者。
活動方式	(1) **告知**：在活動開始之前，先預告今天的練習目標是當對方說話聲音太小的時候，能禮貌地請對方大聲一點、再說一次。 (2) **示範**：若有兩名引導者參與，請一人扮演老鼠，一人扮演大象；若只有一名引導者參與，則學童優先當老鼠，引導者先當大象來示範「請求重複」的技巧。扮演老鼠的人要模擬老鼠小小聲說話的音量，而大象須仔細聆聽老鼠需要的食材。當大象因老鼠說話聲音太小而聽不清楚時，扮演大象者要能禮貌地請老鼠大聲一點、再說一次，如：「對不起，你說得太小聲了，我聽不清楚，可以請你大聲一點、再說一次嗎？」 (3) **參與**：在引導者示範活動進行方式與技巧後，讓學童加入活動，實際練習「請求重複」的技巧策略。 (4) **回饋**：活動結束後，引導者可針對活動當中學童感到困難的地方給予其他練習的機會，另可觀察學童在「請求重複訊息」表達上的正確性和禮貌性。
活動提醒	活動過程中，對話兩人的位置不宜過遠，以一公尺內為佳。
活動延伸	引導學童思考可以讓聲音變大聲的方法，如：靠近一點、換到比較安靜的場所等。

老鼠弟弟非常喜歡做料理，牠跟大象相約一起煮菜，但是，老鼠弟弟說話的聲音很小，總是讓大象聽得很辛苦。因此，每當老鼠弟弟說話太小聲時，大象可以使用請牠大聲一點、再說一次的方式，確認並勾選出老鼠製作料理所需用到的食材。

請求重複：美食小記者

設計者：李倩雯、鍾雅婷

項目	內　　　容
活動目標	當說話的人語速太快時，能請求對方放慢速度再說一次。
活動準備	學習單 2-2、鉛筆、一至兩名引導者。
活動方式	(1) **告知**：在活動開始之前，先預告今天的練習目標是當對方說話速度太快的時候，能禮貌地請對方放慢速度再說一次。 (2) **示範**：若有兩名引導者參與，請一人扮演美食小記者，一人扮演家庭成員；若只有一名引導者參與，則學童優先扮演被訪問的家庭成員，引導者先扮演美食小記者示範「請求重複」的技巧。扮演家庭成員的人要一口氣說完想吃的東西，而美食小記者須仔細聆聽內容，並圈選出來。當家庭成員說話速度太快而聽不清楚時，美食小記者要能禮貌地請對方放慢速度再說一次，如：「對不起，你說得太快了，我聽不清楚，可以請你慢慢地再說一次嗎？」 (3) **參與**：在引導者示範活動進行方式與技巧後，讓學童加入活動，實際練習「請求重複」的技巧策略。 (4) **回饋**：活動結束後，引導者可針對活動當中學童感到困難的地方給予其他練習的機會，另可觀察學童在「請求重複訊息」表達上的正確性和禮貌性。
活動提醒	活動過程中，即使說話速度快，也要注意發音正確喔！
活動延伸	使用錄音器材錄下說話的內容，讓學童比較用倍速以及較慢速度播放錄音內容的情況下，語音清晰度的差異性。

　　今ㄐㄧㄣ天ㄊㄧㄢ我ㄨㄛˇ們ㄇㄣ要ㄧㄠˋ一ㄧ起ㄑㄧˇ去ㄑㄩˋ湖ㄏㄨˊ邊ㄅㄧㄢ野ㄧㄝˇ餐ㄘㄢ，美ㄇㄟˇ食ㄕˊ小ㄒㄧㄠˇ記ㄐㄧˋ者ㄓㄜˇ要ㄧㄠˋ負ㄈㄨˋ責ㄗㄜˊ訪ㄈㄤˇ問ㄨㄣˋ及ㄐㄧˊ記ㄐㄧˋ錄ㄌㄨˋ每ㄇㄟˇ位ㄨㄟˋ家ㄐㄧㄚ人ㄖㄣˊ想ㄒㄧㄤˇ吃ㄔ的ㄉㄜ東ㄉㄨㄥ西ㄒㄧ。當ㄉㄤ受ㄕㄡˋ訪ㄈㄤˇ者ㄓㄜˇ說ㄕㄨㄛ話ㄏㄨㄚˋ速ㄙㄨˋ度ㄉㄨˋ太ㄊㄞˋ快ㄎㄨㄞˋ時ㄕˊ，可ㄎㄜˇ以ㄧˇ使ㄕˇ用ㄩㄥˋ「請ㄑㄧㄥˇ求ㄑㄧㄡˊ重ㄔㄨㄥˊ複ㄈㄨˋ」的ㄉㄜ技ㄐㄧˋ巧ㄑㄧㄠˇ，或ㄏㄨㄛˋ請ㄑㄧㄥˇ對ㄉㄨㄟˋ方ㄈㄤ再ㄗㄞˋ說ㄕㄨㄛ一ㄧ次ㄘˋ時ㄕˊ說ㄕㄨㄛ慢ㄇㄢˋ一ㄧ些ㄒㄧㄝ。並ㄅㄧㄥˋ將ㄐㄧㄤ每ㄇㄟˇ個ㄍㄜˋ人ㄖㄣˊ想ㄒㄧㄤˇ吃ㄔ的ㄉㄜ食ㄕˊ物ㄨˋ圈ㄑㄩㄢ起ㄑㄧˇ來ㄌㄞˊ。

活動 2-3 **請求重複：便利商店買東西**

設計者：李倩雯、鍾雅婷

項目	內　　容
活動目標	當說話時有環境聲音干擾的情況下，能請求對方放大音量，或是換到安靜的地方再說一次。
活動準備	學習單 2-3、預先側錄便利商店內的環境聲音和準備播放設備、鉛筆、一至兩名引導者。
活動方式	(1) **告知**：在活動過程中，全程播放預先準備的環境聲音，營造在便利商店中購物的情景。 (2) **示範**：若有兩名引導者參與，兩人可討論購物清單中的食物要買多少，互相示範在有環境聲音下「請求重複」的技巧；若只有一名引導者參與，則引導者可優先詢問學童想要買的東西與數量，並示範「請求重複」的技巧，如：「對不起，這裡太吵了，我聽不清楚，可以請你大聲一點、再說一次嗎？」或是「那裡比較安靜，我們可以移到那裡再說一次嗎？」 (3) **參與**：在引導者示範活動進行方式與技巧後，讓學童加入活動，實際練習「請求重複」的技巧策略。 (4) **回饋**：活動結束後，引導者可針對活動當中學童感到困難的地方，給予其他練習的機會，另可觀察學童在「請求重複訊息」表達上的正確性和禮貌性。
活動提醒	商品購買數量的多寡，可隨學童的年紀來調整。此外，若是能力較為進階，則可將價格以及金額計算也列入討論範圍。
活動延伸	帶領學童實際走訪便利商店進行購物，或是選擇背景聲音吵雜的地方，如：教室、遊樂園、百貨公司等情境作為練習的場所。

在便利商店購物時，有時會討論需要購買的物品和數量，但環境的噪音常會讓我們聽不清楚對方在說什麼。請試著使用「請求重複」的技巧，請對方說大聲一點或換個安靜的地方說話，並由一人記錄購物清單。

先開啟聲音

便利商店

STORE

購物清單一

茶葉蛋	＿＿＿＿	顆
香蕉	＿＿＿＿	根
菠蘿麵包	＿＿＿＿	個
包子	＿＿＿＿	個

購物清單二

養樂多	＿＿＿＿	罐
礦泉水	＿＿＿＿	瓶
布丁	＿＿＿＿	個
冰淇淋	＿＿＿＿	支

參、特定口語溝通修補策略

　　特定口語溝通修補策略主要是強調透過重複部分訊息與修正的策略，也就是在不更動說話者的原意下，藉由改變文法或用詞的方式，針對特定的訊息提出澄清或是補充說明。

　　當聽者僅理解對話者所傳達的部分訊息時，為使溝通能持續進行，聽者可以運用以下七種特定口語溝通修補策略來延續對話的進行（如表 12），包含：重複部分訊息、修正、添加、提示（詞彙定義、提供背景線索）與確認（以問句確認原句意、以問句歸納原句意）。

　　由於特定口語溝通修補策略的使用技巧較為多元，因此建議活動的進行先由兩位大人帶領學童參與，藉由示範的方式，在不同的情境中練習下列七項特定口語請求澄清策略，並教導學童能具體說明請求澄清的原因，讓對話者在重述內容時做出合適的調整。

表12 特定口語溝通修補策略活動列表

策略	目標	活動
重複部分訊息	當對方說話內容過多時，要能說出已聽到的部分，再請對方補述遺漏的訊息。	3-1 購物趣
修正	當不理解說話者的訊息或自己的意思對方不理解時，能透過重新組詞或組句的方式修正訊息內容，讓彼此理解。	3-2 裝飾聖誕樹
添加	當接受訊息者不明白說話者的訊息時，接受訊息者可請求說話者在原始語句之外再補充特定的新訊息，以達成溝通目的。	3-3 誰才是小偷？

（續下頁）

表12 特定口語溝通修補策略活動列表（續）

策略		目標	活動
提示	詞彙定義	與他人互動時，若對方聽不懂自己說的內容，能針對對方可能聽不懂的語詞去增加描述或解釋。	3-4 烤肉趣
	提供背景線索	當聽者不理解說話者的部分訊息時，說話者進一步提供聽者相關背景線索的提示。	3-5 大自然的旅程
確認	以問句確認原句意	當不確定聽取訊息內容的正確性時，透過拼音／字型／字音／字義／部首提示／文句複述等形式，以問句確認對方的訊息。	3-6 點杯飲料透心涼
	以問句歸納原句意	當不確定聽取訊息內容的正確性時，透過文句解讀的問句形式歸納，以問句確認對方的訊息。	3-7 來裝飾餅乾吧！

重複部分訊息：購物趣

設計者：林沛彤、邱鳳儀、李曉芸、鄭伊涵、林桂如、鍾雅婷

項　目	內　　　　容
活動目標	當對方說話內容過多時，要能說出已聽到的部分，再請對方補述遺漏的訊息。
活動準備	學習單 3-1、剪刀、膠水、鉛筆、兩位引導者：A（扮演爸爸）和 B（扮演媽媽）。
活動方式	(1) **告知**：引導者先說明今天要練習當對方說話內容過多導致聽者遺漏或忘記時，聽者要先能說出自己聽到的訊息，再請對方補充。爸爸使用學習單的清單區和鉛筆；媽媽則先用剪刀將學習單的小幫手區商品一一剪開，並準備一瓶膠水。 (2) **示範**：先和學童說明要出門購物，並幫忙記得家人想購買的物品再製作成購物清單。請爸爸針對賣場 DM 挑選商品。（不讓對方看到，並在清單區用鉛筆圈出商品） 　　爸爸：「我要買衛生紙、牛奶、襪子、牙線、熱水瓶和刮鬍刀。」 　　媽媽：「你要買的東西有點多，我只聽到你要買衛生紙、牛奶、襪子、牙線，還有什麼？」（從小幫手區挑選商品） 　　爸爸：「我還要買熱水瓶和刮鬍刀。」 　　媽媽：「所以要買的東西有衛生紙、牛奶、襪子、牙線，還有熱水瓶和刮鬍刀，對嗎？」（從小幫手區再補拿商品，並依編號用膠水黏在購物車上） 　　（爸爸和媽媽確認彼此學習單的商品一致便完成任務） (3) **參與**：在爸爸媽媽示範活動進行方式與技巧後，讓學童加入活動，實際練習當有遺漏聽取的訊息時，應先說出自己聽到的內容，再請對方補充。 (4) **回饋**：活動結束後，引導者可鼓勵學童好的表現，並帶領學童思考如何解決遺漏訊息的狀況。

（續下頁）

項目	內　　容
活動提醒	(1) 可依照學童的聽覺能力表現調整商品的項目數量。 (2) 如有需要可將學習單 3-1 放大使用。 (3) 每次要出題時，需將上一題的鉛筆痕擦乾淨再進行下個活動，或可用不同色筆表示每次出題的商品。
活動延伸	(1) 在賣場中的吵雜環境下，觀察學童使用「重複部分訊息」策略的主動性。 (2) 可練習打電話詢問其他家人要買的商品，鼓勵學童在訊息遺漏時使用「重複部分訊息」的策略。

學習單 3-1　購物趣

　　假日在賣場大採購時，會需要牢記每位家人要購買的東西，但有時商品過多就會記不住，這時可以請家人告知漏掉的商品。讓我們試著把要添購的物品剪下來貼到購物車上，一起完成採購的任務！

活動
3-2 **修正：裝飾聖誕樹**

設計者：余雅筑、黃郁雯、楊雅茹、詹品宣、林桂如、鍾雅婷

項目	內　　容
活動目標	當不理解說話者的訊息或自己的意思對方不理解時，能透過重新組詞或組句的方式修正訊息內容，讓彼此理解。
活動準備	學習單 3-2（依步驟組裝立體聖誕樹）、剪下多樣裝飾品、準備膠水、兩位引導者 A 和 B。
活動方式	(1) **告知**：聖誕節即將到來，邀請大家一起裝飾聖誕樹。在裝飾的過程中，大家輪流說出想要裝飾的物品以及擺放的位置，當說話者說出訊息但接受訊息者不理解時，說話者要透過重新組詞或組句，修正原始語句的形式，讓接受訊息者理解並且協助拿取或擺放裝飾品。 (2) **示範**：先拿出組裝好的聖誕樹、裝飾品和膠水，開始一起裝飾聖誕樹，活動進行中由引導者 A 示範修正訊息策略。 引導者 A：「聖誕樹和裝飾品，有裝飾吧！」 引導者 B：「什麼意思？」 引導者 A：「這裡有裝飾品，我們一起來裝飾聖誕樹吧！」 （引導者 B 聽懂訊息後，挑出裝飾品用膠水黏到聖誕樹上） 引導者 A：「我要球、亮晶晶、大的！」 引導者 B：「什麼？」 引導者 A：「我要掛亮晶晶的大球！」 （引導者 B 聽懂訊息後，挑出裝飾品用膠水黏到聖誕樹上） 引導者 A：「我還要把上面放星星，請你幫我！」 引導者 B：「什麼？」 引導者 A：「請你幫我把星星放在聖誕樹上面！」 （引導者 B 聽懂訊息後，挑出裝飾品用膠水黏到聖誕樹上）

（續下頁）

項　目	內　　容
活動方式	(3) **參與**：在兩位引導者示範活動進行方式與技巧後，讓學童加入活動，實際練習「修正」的策略。 (4) **回饋**：活動結束後，引導者帶領學童思考當聽見他人描述的句子不正確或語意無法理解時，可請對方使用換句話說的方式修正訊息；如果是自己說的內容讓對方聽不懂，也可以自行嘗試重新組詞或組句修正訊息內容。
活動提醒	(1) 如有需要可將學習單 3-2 放大使用。 (2) 當學童尚未發展穩定的自我修正訊息策略時，引導者可以先從日常生活中示範如何使用修正訊息的策略，並帶領學童思考「他可以怎麼說」。
活動延伸	可延伸到其他不同的節日情境，如：布置生日派對或中秋節烤肉活動等。

聖誕節即將到來，邀請大家一起來裝飾聖誕樹。裝飾過程可輪流說出想要裝飾的物品和擺放的位置，當不了解對方的意思時，可以請說者修正原本的句子，讓聽者能理解並且協助拿取或擺放裝飾品。

【裝飾品】

● 組裝方式：剪下(1)及(2)兩棵聖誕樹的零件，並依照虛線剪開，把(1)從上方插入(2)，即完成立體聖誕樹。

◎ 小撇步：如果先把「聖誕樹零件」貼在硬紙板上，再剪下它，組裝起來的聖誕樹會更立體、更堅固喔～

【聖誕樹零件】

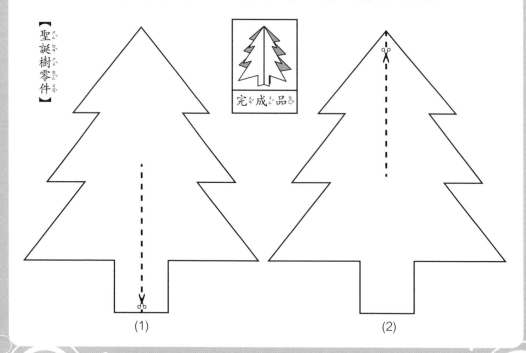

完成品

(1)　　　　　　　　　　　　(2)

活動
3-3
添加：誰才是小偷？

設計者：鍾雅婷、黃于珊、黃麗華、李韵葳、林桂如

項目	內　　容
活動目標	當接受訊息者不明白說話者的訊息時，接受訊息者可請求說話者在原始語句之外再補充特定的新訊息，以達成溝通目的。
活動準備	學習單 3-3（複印兩張、預先剪下所有嫌疑人的照片）、膠水、兩位引導者 A 和 B。
活動方式	(1) **告知**：賣場遭小偷了，我們要把小偷抓出來！如果溝通過程無法知道清楚的訊息，可以要求對方再補充新資訊，以便了解完整的訊息。引導者 A 先取任一張小偷照片黏在任一家商店上；給引導者 B 商店情境圖片和五張小偷照片。 (2) **示範**：說明目前賣場有三家商店遭竊，現在警察正在尋找小偷，請身為目擊證人的你，說出「玩具店」內小偷的特徵，以協助警察辦案。 引導者B：「小偷有什麼特徵（如：體重、身高、髮型、衣服、服飾配件、眼鏡等）？」 引導者A：「我看到的小偷帶了一把有握柄的拐杖。」 引導者B：「有握柄的拐杖是什麼樣子？」 引導者A：「是一把有彎彎握柄的拐杖。」 引導者B：「還有呢？」 引導者A：「是一把有彎彎握柄而且長長的拐杖。」 引導者B：「還有呢？」 引導者A：「這把彎彎握柄的長拐杖是黑色的。」 （以此方式直到引導者 B 有足夠訊息可以找到小偷，並將小偷的照片黏在失竊的商店上後，再讓引導者 A 做確認）

（續下頁）

項目	內　　　容
活動方式	(3) **參與**：在引導者示範結束之後，讓學童加入活動，進行「添加」溝通技巧的練習。 (4) **回饋**：依據學童參與時的表現，給予正向鼓勵並提出更適切的評估和建議；引導家長思考如何於日常生活中讓孩子使用此溝通策略。
活動提醒	(1) 描述外觀特徵時，引導者可依照學童語言表達程度，調整使用的語詞難易度。 (2) 若學童一時無法回應需補充哪些訊息時，引導者可以運用問句引導學童增加訊息（如：他的髮型如何、身材是高矮胖瘦等）。 (3) 過程中要引導孩子繼續聚焦在同一個方向做進一步的說明。
活動延伸	(1) 可以持續協助警察，追查其他商店的小偷。 (2) 除人物特徵的活動外，可以實際應用在日常生活中的找尋失物情境。 (3) 安排學童分享旅遊照片的活動，可依照人事時地物的步驟，逐步的引導孩子補充訊息。

假ㄐㄧㄚˋ期ㄑㄧˊ過ㄍㄨㄛˋ後ㄏㄡˋ，賣ㄇㄞˋ場ㄔㄤˇ有ㄧㄡˇ三ㄙㄢ家ㄐㄧㄚ商ㄕㄤ店ㄉㄧㄢˋ遭ㄗㄠ小ㄒㄧㄠˇ偷ㄊㄡ光ㄍㄨㄤ顧ㄍㄨˋ，身ㄕㄣ為ㄨㄟˊ目ㄇㄨˋ擊ㄐㄧˊ證ㄓㄥˋ人ㄖㄣˊ的ㄉㄜ˙你ㄋㄧˇ，請ㄑㄧㄥˇ持ㄔˊ續ㄒㄩˋ提ㄊㄧˊ供ㄍㄨㄥ詳ㄒㄧㄤˊ細ㄒㄧˋ的ㄉㄜ˙線ㄒㄧㄢˋ索ㄙㄨㄛˇ，協ㄒㄧㄝˊ助ㄓㄨˋ警ㄐㄧㄥˇ察ㄔㄚˊ能ㄋㄥˊ更ㄍㄥˋ快ㄎㄨㄞˋ速ㄙㄨˋ地ㄉㄧˋ從ㄘㄨㄥˊ一ㄧ堆ㄉㄨㄟ可ㄎㄜˇ疑ㄧˊ人ㄖㄣˊ選ㄒㄩㄢˇ的ㄉㄜ˙照ㄓㄠˋ片ㄆㄧㄢˋ當ㄉㄤ中ㄓㄨㄥ抓ㄓㄨㄚ到ㄉㄠˋ小ㄒㄧㄠˇ偷ㄊㄡ。

【引ㄧㄣˇ導ㄉㄠˇ者ㄓㄜˇA】

【引ㄧㄣˇ導ㄉㄠˇ者ㄓㄜˇB】

活動
3-4　提示（詞彙定義）：烤肉趣

設計者：賴紀閎、高嘉慧、林珈霈、林桂如、鍾雅婷

項目	內　　容
活動目標	與他人互動時，若對方聽不懂自己說的內容，能針對對方可能聽不懂的語詞去增加描述或解釋。
活動準備	學習單 3-4、鉛筆、兩位引導者 A 和 B。
活動方式	(1) **告知**：在活動開始之前，先預告目標是當別人聽不懂自己說的話時，要針對別人可能聽不懂的語詞去增加描述或給予解釋。 (2) **示範**：晚上有烤肉活動，大家一起討論需要準備哪些物品，從學習單中挑選需要採購的商品，並用鉛筆圈出來。 　　引導者 A：「我們今天一定要記得買火種喔！」 　　引導者 B：「咦，你說什麼？」（露出疑惑的表情） 　　引導者 A：「就是一粒一粒用來生火的那個啊！」（提示對方理解，並讓引導者 B 圈出商品） 　　引導者 A：「你覺得烤肉還要買什麼？」 　　引導者 B：「夾子。」 　　引導者 A：「咦，你說什麼？」（露出疑惑的表情） 　　引導者 B：「就是長長一支、用來夾肉的夾子啊！」（提示對方理解，並讓引導者 A 圈出商品） 　　引導者 A：「喔～原來是這個啊！」（經過提示後回答，並繼續討論其他欲購買的烤肉用品清單） (3) **參與**：在引導者示範結束之後，讓學童加入活動，進行「提示（詞彙定義）」溝通技巧的練習。 (4) **回饋**：引導學童思考，當聽不懂訊息時，自己和對方的反應感受（包含表情、語氣或提問）與解決問題的方式，並說明針對別人可能聽不懂的語詞增加描述或解釋的重要性。

（續下頁）

項目	內　　容
活動提醒	可以自己增加或更換學習單 3-4 上的超市 DM 商品，來練習此目標。
活動延伸	(1) 在家練習後，可以帶學童到真實超市進行採購。 (2) 可針對烤肉情境下使用的其他相關詞彙進行定義的擴展練習，如： 　　醃、熄滅。讓學童能觀察到當他人聽不懂自己的語意時，自己能 　　使用的策略。

中秋節到了，我們要請家人幫忙買烤肉用品，但很多商品的名稱十分雷同，所以當對方不了解自己需要的商品時，請試著多提供一些說明，這樣才能買對東西喔！

刷子	玉米	夾子	火種	小米酒	魷魚
刷子	玉米筍	夾子	打火機	米酒	魷魚絲
刷子	玉米粒	夾子	木炭	葡萄酒	魷魚圈

夾子

？？？？

活動 3-5　提示（提供背景線索）：大自然的旅程

設計者：鍾雅婷、張怡菁、余麗文、吳佳佳、余函軒、林桂如

項目	內　　容
活動目標	當聽者不理解說話者的部分訊息時，說話者進一步提供聽者相關背景線索的提示。
活動準備	學習單 3-5（依粗黑框處剪下四張照片）、兩位引導者 A 和 B。
活動方式	(1) **告知**：討論大自然旅程中所見的自然景觀。引導者告知每人要輪流介紹照片中的自然景觀，在對話中，若學童有不理解的部分，說話者可使用提示策略，進一步向他人說明相關背景線索，使其理解對話內容。（先請學童挑選熟悉的自然景觀照片，待引導者示範後，再換學童介紹自己挑選的照片） (2) **示範**：引導者從其餘三張景觀照片中再挑選一張，當學童聽不懂訊息時，引導者要以學童先備經驗加以解釋。 （在說明景觀時，不要讓對方看見照片，介紹完畢後才能一起瀏覽照片） 引導者 A：「我要介紹的自然景觀是海洋。」 引導者 B：「什麼是海洋？」 引導者 A：「我們上回搭的船就是在海洋上航行，那時候我們還有看見海裡的鯨魚跳出水面喔！」 引導者 B：「喔！我記得我們有坐船出去玩，還有看到鯨魚。」 引導者：「對啊！鯨魚就是住在海洋裡面。你看！我的照片就是剛剛介紹的海洋。」（最後才呈現自然景觀的照片） (3) **參與**：在引導者示範活動進行方式與技巧後，讓學童加入活動（以先前挑選的照片進行活動），實際練習「提示（提供背景線索）」的技巧策略。 (4) **回饋**：活動結束後，引導者可針對活動當中學童感到困難的地方，給予其他練習的機會，並帶領學童思考運用「提示（提供背景線索）」策略的情境，確認在提供背景線索時，表達方式的正確性。

（續下頁）

項目	內　　　容
活動提醒	引導者提供學童相關的背景線索時，需考量學童的先備能力，以及曾有過的生活經驗。
活動延伸	(1) 可以依學童真實的經驗更換不同的照片主題。 (2) 主題的挑選可以針對學童曾經有過的旅遊經驗，如：玩過的遊樂器材、吃過的美食等，循此方式進行「提示（提供背景線索）」技巧練習。

大ㄉㄚˋ自ㄗˋ然ㄖㄢˊ有ㄧㄡˇ許ㄒㄩˇ多ㄉㄨㄛ美ㄇㄟˇ麗ㄌㄧˋ的ㄉㄜ˙景ㄐㄧㄥˇ觀ㄍㄨㄢ，請ㄑㄧㄥˇ向ㄒㄧㄤˋ朋ㄆㄥˊ友ㄧㄡˇ介ㄐㄧㄝˋ紹ㄕㄠˋ你ㄋㄧˇ最ㄗㄨㄟˋ喜ㄒㄧˇ歡ㄏㄨㄢ哪ㄋㄚˇ一ㄧˋ個ㄍㄜˋ？如ㄖㄨˊ果ㄍㄨㄛˇ朋ㄆㄥˊ友ㄧㄡˇ聽ㄊㄧㄥ不ㄅㄨˋ懂ㄉㄨㄥˇ你ㄋㄧˇ的ㄉㄜ˙介ㄐㄧㄝˋ紹ㄕㄠˋ時ㄕˊ，可ㄎㄜˇ以ㄧˇ多ㄉㄨㄛ描ㄇㄧㄠˊ述ㄕㄨˋ你ㄋㄧˇ最ㄗㄨㄟˋ喜ㄒㄧˇ歡ㄏㄨㄢ的ㄉㄜ˙景ㄐㄧㄥˇ觀ㄍㄨㄢ有ㄧㄡˇ哪ㄋㄚˇ些ㄒㄧㄝ相ㄒㄧㄤ關ㄍㄨㄢ事ㄕˋ物ㄨˋ，讓ㄖㄤˋ朋ㄆㄥˊ友ㄧㄡˇ更ㄍㄥˋ清ㄑㄧㄥ楚ㄔㄨˇ那ㄋㄚˋ是ㄕˋ個ㄍㄜˋ什ㄕㄣˊ麼ㄇㄜ˙樣ㄧㄤˋ的ㄉㄜ˙地ㄉㄧˋ方ㄈㄤ喔ㄛ！

海ㄏㄞˇ洋ㄧㄤˊ

沙ㄕㄚ灘ㄊㄢ

瀑ㄆㄨˋ布ㄅㄨˋ

森ㄙㄣ林ㄌㄧㄣˊ

活動
3-6

確認（以問句確認原句意）：
點杯飲料透心涼

設計者：羅敏馨、吳思佳、龍鈺盈、李雅培、林桂如、鍾雅婷

項目	內　　容
活動目標	當不確定聽取訊息內容的正確性時，透過拼音／字型／字音／字義／部首提示／文句複述等形式，以問句確認對方的訊息。
活動準備	學習單 3-6、鉛筆、預先側錄馬路上路人的對話或廣播電台所播放的流行音樂為背景噪音、兩位引導者A（扮演店員）和B（扮演客人）。
活動方式	(1) **告知**：說明在接收訊息時，可能因外在因素的影響，像是環境吵雜而無法確定所接收訊息的正確性，故在進行點飲料活動時，扮演店員者需再次確認客人的點餐內容，而扮演客人者亦需向店員確認結帳金額。 (2) **示範**：店員需給客人飲料 DM。 　　店員：「請問您要點什麼飲料？」 　　客人：「我要一杯熱奶茶！」 　　店員：「請問要怎樣的甜度？」（可以提供甜度的選項給客人） 　　客人：「我要半糖。」 　　店員：「請問要大杯、中杯還是小杯？」 　　客人：「我要中杯。」 　　店員：「好，一杯中杯半糖的熱奶茶嗎？」 　　客人：「是的，我還要一杯大杯冰綠茶。」 　　店員：「請問要多少的甜度？」 　　客人：「我要無糖。」 　　店員：「和您確認一下，您點的是一杯中杯半糖的熱奶茶，和一杯大杯無糖的冰綠茶，是嗎？」 　　客人：「是的。」 　　（店員依客人需求，勾選出點餐單上的飲料）

（續下頁）

項目	內　　容
活動方式	(3) **參與**：引導者與學童可以輪流飾演店員與客人的角色，實際練習「以問句確認原句意」的溝通技巧策略。 (4) **回饋**：活動結束後，和學童一起討論飾演店員及客人時，在使用「確認（以問句確認原句意）」溝通技巧策略的注意事項。
活動延伸	和他人在溝通中若聽見過長或不完整的內容訊息，即可以練習運用問句確認原句意，如：向對方確認食譜操作的步驟、購買商品的品項等。

點_{ㄉㄧㄢˇ}杯_{ㄅㄟ}飲_{ㄧㄣˇ}料_{ㄌㄧㄠˋ}透_{ㄊㄡˋ}心_{ㄒㄧㄣ}涼_{ㄌㄧㄤˊ}

學習單 3-6

　　街_{ㄐㄧㄝ}角_{ㄐㄧㄠˇ}的_{ㄉㄜ˙}飲_{ㄧㄣˇ}料_{ㄌㄧㄠˋ}店_{ㄉㄧㄢˋ}終_{ㄓㄨㄥ}於_{ㄩˊ}開_{ㄎㄞ}幕_{ㄇㄨˋ}了_{ㄌㄜ˙}，大_{ㄉㄚˋ}家_{ㄐㄧㄚ}都_{ㄉㄡ}迫_{ㄆㄛˋ}不_{ㄅㄨˋ}及_{ㄐㄧˊ}待_{ㄉㄞˋ}要_{ㄧㄠˋ}來_{ㄌㄞˊ}品_{ㄆㄧㄣˇ}嘗_{ㄔㄤˊ}美_{ㄇㄟˇ}味_{ㄨㄟˋ}的_{ㄉㄜ˙}飲_{ㄧㄣˇ}品_{ㄆㄧㄣˇ}。由_{ㄧㄡˊ}於_{ㄩˊ}店_{ㄉㄧㄢˋ}裡_{ㄌㄧˇ}十_{ㄕˊ}分_{ㄈㄣ}吵_{ㄔㄠˇ}雜_{ㄗㄚˊ}，所_{ㄙㄨㄛˇ}以_{ㄧˇ}店_{ㄉㄧㄢˋ}員_{ㄩㄢˊ}在_{ㄗㄞˋ}接_{ㄐㄧㄝ}受_{ㄕㄡˋ}客_{ㄎㄜˋ}人_{ㄖㄣˊ}點_{ㄉㄧㄢˇ}餐_{ㄘㄢ}時_{ㄕˊ}，常_{ㄔㄤˊ}常_{ㄔㄤˊ}無_{ㄨˊ}法_{ㄈㄚˇ}聽_{ㄊㄧㄥ}清_{ㄑㄧㄥ}楚_{ㄔㄨˇ}內_{ㄋㄟˋ}容_{ㄖㄨㄥˊ}。身_{ㄕㄣ}為_{ㄨㄟˊ}店_{ㄉㄧㄢˋ}員_{ㄩㄢˊ}的_{ㄉㄜ˙}你_{ㄋㄧˇ}，請_{ㄑㄧㄥˇ}試_{ㄕˋ}著_{ㄓㄜ˙}用_{ㄩㄥˋ}問_{ㄨㄣˋ}句_{ㄐㄩˋ}向_{ㄒㄧㄤˋ}客_{ㄎㄜˋ}人_{ㄖㄣˊ}確_{ㄑㄩㄝˋ}認_{ㄖㄣˋ}要_{ㄧㄠˋ}點_{ㄉㄧㄢˇ}的_{ㄉㄜ˙}飲_{ㄧㄣˇ}料_{ㄌㄧㄠˋ}！

透_{ㄊㄡˋ}心_{ㄒㄧㄣ}涼_{ㄌㄧㄤˊ}飲_{ㄧㄣˇ}料_{ㄌㄧㄠˋ}店_{ㄉㄧㄢˋ} DM

先_{ㄒㄧㄢ}開_{ㄎㄞ}啟_{ㄑㄧˇ}聲_{ㄕㄥ}音_{ㄧㄣ}

| 奶_{ㄋㄞˇ}茶_{ㄔㄚˊ} 25 元_{ㄩㄢˊ} | 綠_{ㄌㄩˋ}茶_{ㄔㄚˊ} 25 元_{ㄩㄢˊ} | 紅_{ㄏㄨㄥˊ}茶_{ㄔㄚˊ} 25 元_{ㄩㄢˊ} | 黑_{ㄏㄟ}咖_{ㄎㄚ}啡_{ㄈㄟ} 40 元_{ㄩㄢˊ} | 汽_{ㄑㄧˋ}水_{ㄕㄨㄟˇ} 25 元_{ㄩㄢˊ} |

| 拿_{ㄋㄚˊ}鐵_{ㄊㄧㄝˇ}咖_{ㄎㄚ}啡_{ㄈㄟ} 40 元_{ㄩㄢˊ} | 卡_{ㄎㄚˇ}布_{ㄅㄨˋ}奇_{ㄑㄧˊ}諾_{ㄋㄨㄛˋ} 40 元_{ㄩㄢˊ} | 多_{ㄉㄨㄛ}多_{ㄉㄨㄛ}綠_{ㄌㄩˋ}茶_{ㄔㄚˊ} 35 元_{ㄩㄢˊ} | 多_{ㄉㄨㄛ}多_{ㄉㄨㄛ}紅_{ㄏㄨㄥˊ}茶_{ㄔㄚˊ} 35 元_{ㄩㄢˊ} |

甜_{ㄊㄧㄢˊ}度_{ㄉㄨˋ}○無_{ㄨˊ}糖_{ㄊㄤˊ} ○少_{ㄕㄠˇ}糖_{ㄊㄤˊ} ○半_{ㄅㄢˋ}糖_{ㄊㄤˊ} ○正_{ㄓㄥˋ}常_{ㄔㄤˊ}

溫_{ㄨㄣ}度_{ㄉㄨˋ}○熱_{ㄖㄜˋ}的_{ㄉㄜ˙} ○溫_{ㄨㄣ}的_{ㄉㄜ˙} ○冰_{ㄅㄧㄥ} ○去_{ㄑㄩˋ}冰_{ㄅㄧㄥ}

尺_{ㄔˇ}寸_{ㄘㄨㄣˋ}○小_{ㄒㄧㄠˇ}杯_{ㄅㄟ} ○中_{ㄓㄨㄥ}杯_{ㄅㄟ} ○大_{ㄉㄚˋ}杯_{ㄅㄟ}

金_{ㄐㄧㄣ}額_{ㄜˊ}＝＿＿＿＿＿元_{ㄩㄢˊ}

<table>
<tr><td colspan="2">活動
3-7　確認（以問句歸納原句意）：
來裝飾餅乾吧！</td></tr>
</table>

設計者：胡文俐、謝佩吟、鄭雅琳、林桂如、鍾雅婷

項目	內　　　容
活動目標	當不確定聽取訊息內容的正確性時，透過文句解讀的問句形式歸納，以問句確認對方的訊息。
活動準備	學習單 3-7、彩色筆、兩位引導者 A 和 B（輪流扮演餅乾師傅與客人）。
活動方式	(1) **告知**：在活動開始之前，先預告今天的練習目標是當對方提出一件具體事項時，我們要能就對方話中所提供之資訊，經由文句解讀歸納出重點後，以問句的形式向對方確認資訊的正確性。 (2) **示範**：師傅先跟客人和學童介紹裝飾餅乾所需之素材名稱後，再請客人說明想要的餅乾造型。 　　師傅：「我們這裡有各種形狀的免烤餅乾，請您選擇要加入奶油、巧克力、海苔或酸梅，我們最後會依照您的需求設計客製化的餅乾。」 　　客人：「我想要特製餅乾送給新婚的夫妻，希望造型有溫馨的感覺。」 　　師傅：「您覺得用三角形和正方形餅乾做成房屋的造型，營造家的感覺如何？」 　　客人：「這個建議很好，但這對夫妻他們不太喜歡甜的口味。」 　　師傅：「如果再加上海苔做成鹹的餅乾，您覺得可以嗎？」 　　客人：「好啊！這是個不錯的建議。」 　　（師傅確認客人的需求後，在餅乾設計圖的圖框中畫上客人想要的餅乾造型——請見學習單的示範圖） (3) **參與**：在引導者示範活動進行方式與技巧後，改由學童扮演師傅，確認客人對餅乾成品的期待（如：客人想要飛機造型的餅乾→師傅預計進行的方式→客人是否同意），再次練習「確認（以問句歸納原句意）」的技巧。

（續下頁）

項目	內　　容
活動方式	(4) **回饋**：活動結束後，引導者能與學童針對活動中感到困難的部分進行討論，提醒學童要先澄清對話中的原意，並試著使用合宜的問句去確認原先自己理解的意思。
活動提醒	(1) 引導者應先確認學童確實知道每一種裝飾餅乾的材料名稱。 (2) 學童的先備能力建議達到能聽取 10-15 字組成的句子。
活動延伸	除了做餅乾之外，還可以循此方式進行各種不同物品的設計。

來ㄌㄞˊ裝ㄓㄨㄤ飾ㄕˋ餅ㄅㄧㄥˇ乾ㄍㄢ吧ㄅㄚ！

有ㄧㄡˇ一ㄧ家ㄐㄧㄚ新ㄒㄧㄣ的ㄉㄜ˙客ㄎㄜˋ製ㄓˋ化ㄏㄨㄚˋ餅ㄅㄧㄥˇ乾ㄍㄢ店ㄉㄧㄢˋ開ㄎㄞ張ㄓㄤ嘍ㄌㄡ˙！細ㄒㄧˋ心ㄒㄧㄣ的ㄉㄜ˙師ㄕ傅ㄈㄨˋ要ㄧㄠˋ為ㄨㄟˋ顧ㄍㄨˋ客ㄎㄜˋ設ㄕㄜˋ計ㄐㄧˋ客ㄎㄜˋ製ㄓˋ化ㄏㄨㄚˋ餅ㄅㄧㄥˇ乾ㄍㄢ，讓ㄖㄤˋ我ㄨㄛˇ們ㄇㄣ˙一ㄧ起ㄑㄧˇ完ㄨㄢˊ成ㄔㄥˊ餅ㄅㄧㄥˇ乾ㄍㄢ設ㄕㄜˋ計ㄐㄧˋ圖ㄊㄨˊ吧ㄅㄚ˙！

肆、非口語溝通修補策略

　　今天軒軒想和媽咪分享在學校看到的新玩具，卻突然忘記玩具的名稱，此時軒軒開始用「比手畫腳」的方式告訴媽咪它的玩法，但媽咪依舊不清楚軒軒說的是什麼。於是，軒軒改用紙筆畫下玩具的樣貌，讓媽咪更了解自己想表達的意思。

圖 16　跟對方說不清楚時，可嘗試不同輔助方法來傳遞表達的訊息

　　當一個人無法單靠說話方式達到溝通目的時，往往會嘗試運用不同方法輔助溝通訊息的傳遞。非口語溝通策略即是鼓勵學童在無法有效透過口語溝通時，能使用有效的非口語溝通技巧，以協助對方理解訊息內容。

　　透過非口語的溝通，可以代替部分口語溝通的功能，彌補口語溝通的不足，甚至在社會情境下，能夠與他人溝通彼此的內在體驗和情感氛圍（梁秋月，1991），此一技巧對於口語能力較弱或尚無口語的聽障學童尤顯重要。以下將針對以書寫、繪圖、手勢動作等三項非口語輔助溝通的方式進行教學設計（如表13），以提供引導者在帶領學童發展非口語溝通修補技巧的參考。

表13 非口語溝通修補策略活動列表

策略	目標	活動
書寫	與他人溝通時，遇到不清楚的地方可以用書寫的方式將訊息記錄下來，以便和他人確認訊息的內容。	4-1 猜猜他的願望
繪圖	與他人溝通時，遇到無法用言語表達清楚之處，能搭配繪畫的方式讓彼此溝通內容達成共識。	4-2 髮型設計師
手勢動作	當對方無法理解溝通的內容時，可以搭配手勢或動作輔助溝通，讓對方知道自己想表達的內容。	4-3 餐具點點名

活動 4-1　書寫：猜猜他的願望

設計者：鍾雅婷

項目	內　　容
活動目標	與他人溝通時，遇到不清楚的地方可以用書寫的方式將訊息記錄下來，以便和他人確認訊息的內容。
活動準備	學習單 4-1（複印兩張，依虛線裁剪後上半部給許願者，下半部給猜謎者）、兩組筆和橡皮擦、兩位引導者 A（扮演許願者）和 B（扮演猜謎者）。
活動方式	(1) **告知**：告知學童今天是要玩猜猜對方願望的遊戲，並把答案用國字寫出來。許願者發鉛筆、橡皮擦和學習單 4-1（下半部）給猜謎者。活動方式是許願者依題號說出願望的內容，當猜謎者不確定答案時，可以用書寫方式再和許願者確認。 (2) **示範**：許願者先在許願區用鉛筆圈出每題的答案，再開始請猜謎者在願望區上作答。 　許願者：「弟弟要『抱抱』！」（發音不用太清楚，仿出像泡泡的音） 　猜謎者：「是『泡泡』還是『抱抱』？」（猜謎者可以先用拼音寫出來） 　許願者：「是『ㄅㄠˋㄅㄠˋ』！」（許願者再用鉛筆幫忙更正注音） 　猜謎者：「是『抱抱』嗎？」 　許願者：「猜對了。」 　（在願望區寫上「抱抱」的注音，並循此方式直到學習單的問題全部填寫完畢） (3) **參與**：在引導者示範活動進行方式與技巧後，讓學童加入活動，實際練習「用書寫方式」與他人溝通。 (4) **回饋**：活動結束後，可和學童討論書寫過程中遇到意思不理解或注音不會寫的處理方式。

（續下頁）

項目	內　　容
活動提醒	進行此活動時學童需具備會寫注音的能力。
活動延伸	可準備同音或相似音但不同意思的詞彙，如：「枕頭、陣頭」，以便延伸更多的猜謎遊戲。

仔細聽聽看對方的願望是想要什麼東西？當你不確定對方的訊息時，可以試著用筆記錄下來，並搭配拼音向對方確認答案喔！

【許願區】

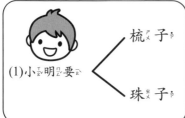

(1)小明要 < 梳子 / 珠子

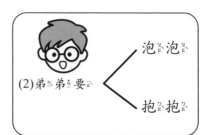

(2)弟弟要 < 泡泡 / 抱抱

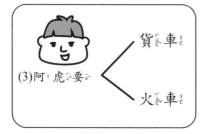

(3)阿虎要 < 貨車 / 火車

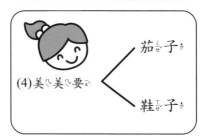

(4)美美要 < 茄子 / 鞋子

【願望區】

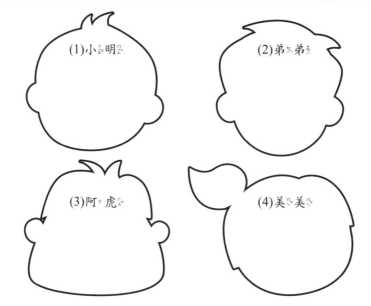

(1)小明

(2)弟弟

(3)阿虎

(4)美美

活動 4-2　繪圖：髮型設計師

設計者：鍾雅婷

項目	內　　　　容
活動目標	與他人溝通時，遇到無法用言語表達清楚之處，能搭配繪畫的方式讓彼此溝通內容達成共識。
活動準備	學習單 4-2（複印兩張）、兩組文具（鉛筆、橡皮擦）、著色工具、一位引導者。
活動方式	(1) **告知**：先發給雙方學習單 4-2 和文具。說明今天引導者和學童要輪流擔任髮型師，剪出客人想要的髮型。當溝通過程無法用言語說明清楚時，可搭配繪出造型的方式，讓彼此更了解對方想要表達的意思。 (2) **示範**：引導者扮演髮型師，學童扮演客人，可以請學童預先想好一個髮型再開始活動。 引導者：「請問客人，您今天想要做什麼樣的造型呢？」（例如：燙髮、剪髮或染髮） 學童：「我今天要剪頭髮。」 引導者：「那您想要剪多短？」 學童：「我要剪到肩膀上面一點點。」 引導者：「請問是剪到這裡嗎？」（用鉛筆畫出大約的髮長） 學童：「不用這麼短，可以再長一點點。」（用鉛筆將想要的頭髮長度畫出來） 引導者：「那您的瀏海要剪成什麼樣子？」 學童：「要有一點彎彎的，旁邊可以短一點。」（用鉛筆在瀏海處畫出想要的樣子） 引導者：「有弧度的地方需要燙髮才會彎。」（用鉛筆圈出需要再和客人確認的地方） 引導者以此方式確認出兒童預想的髮型。 髮型示範示例

（續下頁）

項目	內　　　容
活動方式	(3) **參與**：引導者與學童交換扮演的角色。 (4) **回饋**：活動結束後，與學童討論可能需要運用繪圖方式輔助溝通的情境，並說明原因。
活動提醒	繪圖時可使用各種畫法（著色、用符號或線條等方式呈現）。
活動延伸	可嘗試扮演其他不同設計師，如：室內設計師、服裝設計師。

身ㄕㄣ為ㄨㄟˊ髮ㄈㄚˇ型ㄒㄧㄥˊ設ㄕㄜˋ計ㄐㄧˋ師ㄕ，需ㄒㄩ要ㄧㄠˋ幫ㄅㄤ客ㄎㄜˋ人ㄖㄣˊ做ㄗㄨㄛˋ出ㄔㄨ他ㄊㄚ們ㄇㄣ˙喜ㄒㄧˇ愛ㄞˋ的ㄉㄜ˙髮ㄈㄚˇ型ㄒㄧㄥˊ，當ㄉㄤ不ㄅㄨˋ清ㄑㄧㄥ楚ㄔㄨˇ客ㄎㄜˋ人ㄖㄣˊ的ㄉㄜ˙意ㄧˋ思ㄙ˙時ㄕˊ，可ㄎㄜˇ以ㄧˇ搭ㄉㄚ配ㄆㄟˋ繪ㄏㄨㄟˋ畫ㄏㄨㄚˋ的ㄉㄜ˙方ㄈㄤ式ㄕˋ與ㄩˇ客ㄎㄜˋ人ㄖㄣˊ溝ㄍㄡ通ㄊㄨㄥ，確ㄑㄩㄝˋ定ㄉㄧㄥˋ他ㄊㄚ們ㄇㄣ˙想ㄒㄧㄤˇ要ㄧㄠˋ的ㄉㄜ˙髮ㄈㄚˇ型ㄒㄧㄥˊ喔ㄛ！

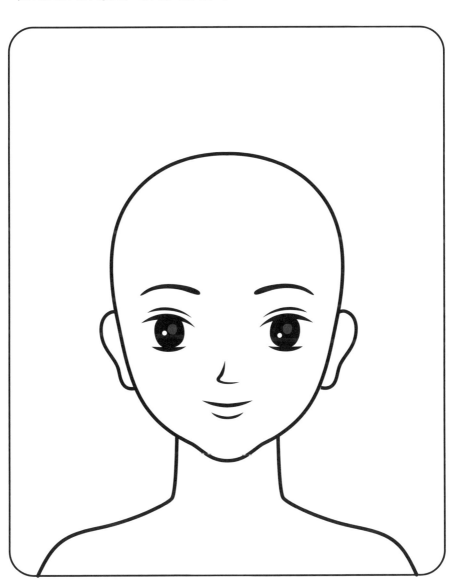

活動 4-3　手勢動作：餐具點點名

設計者：鍾雅婷

項目	內　　容
活動目標	當對方無法理解溝通的內容時，可以搭配手勢或動作輔助溝通，讓對方知道自己想表達的內容。
活動準備	學習單 4-3（依虛線裁剪為二）、筆、橡皮擦、兩位引導者 A（扮演老闆）和 B（扮演客人）。
活動方式	(1) **告知**：在活動開始之前，預告目標是練習當無法清楚說明內容時，可以搭配手勢讓他人更清楚溝通的內容。先依角色發放不同的學習單，並分別提供筆和橡皮擦。 (2) **示範**：客人需先圈選出想要購買的一樣餐具，並且不讓老闆看到，再開始進行活動。 老闆：「請問你要買什麼餐具？」 客人：「我要買一把刀。」 老闆：「我們店裡有賣很多種刀，請問你是要什麼樣的刀？」 客人：「它有點長，刀鋒的地方圓圓的。」（同時可以用手勢比出刀鋒的樣子） 老闆：「是大約這麼長，還是更長？」（用手勢比出約 20 公分的長度） （老闆以此方式確認客人要購買的餐具後，再圈選在自己的學習單上，最後再確認是否有挑選出客人想要的餐具） (3) **參與**：在引導者示範活動進行方式與技巧後，讓學童加入活動，實際練習運用手勢或動作輔助溝通的技巧。 (4) **回饋**：活動結束後，引導學童思考運用手勢輔助溝通的時機。
活動延伸	可引導學童思考當在國外旅行面臨語言不通時，如何有效運用手勢動作輔助點餐或購物時的溝通。

湯匙、叉子、杯子、刀子的長短、形狀不一，但是都叫同一一個名字！當客人說不清楚到底要哪一一種時，請聰明的老闆試著搭配手勢描繪出餐具的特徵，確認客人要買的商品！

【老闆用】

【客人用】

伍、參考文獻

錡寶香（2006）：兒童語言障礙──理論、評量與教學。臺北：心理。

梁秋月（1991）：自閉症、智能不足與正常學齡前兒童溝通行為之比較研究。**特殊教育研究學刊**，**8**，95-116。

Golan, O., Baron-Cohen, S., & Hill, J. J. (2006). The Cambridge mindreading (CAM) face-voice battery: Testing complex emotion recognition in adults with and without Asperger syndrome. *Journal of Autism and Developmental Disorders*, *36*(2), 169-183.

Part 4

故事閱讀篇

在聽語療育實務中，引導者經常會以繪本作為和聽障學生互動的素材之一。透過繪本兼具圖像與文字表述的特徵，不僅較易提高其學習動機，更能作為提供相關經驗和情境教學的媒介。

在身心障礙學生的教學中，常以社會故事（social story）引導兒童理解社會情境意義、提供情境線索及適當預期行為，將抽象的環境訊息以具體方式呈現，更可依照其理解程度、學習特質與需求，運用圖片或電腦多媒體等多元方式呈現，以增進兒童的社會能力，並訓練兒童從他人觀點思考，進而能夠理解對方的想法和需求（Gray & Garand, 1993）。

本書的「故事閱讀篇」主要是結合社會故事特性與圖像插圖，每頁故事呈現一句至兩句不等的句子，同時考慮一般年屆小學一年級學齡兒童的基本能力、陳述內容理解力，故文字編寫以生活情境中的白話文為主，針對聽障學生在轉換新的教育階段、更換新班級時經常遇到的溝通問題，編寫成故事內容。結構上，主要參考 Gray（2000）提出的社會故事內容編輯常用的六種句型：描述句（descriptive sentence）、觀點句（perspective sentence）、指示句（directive sentence）、肯定句（affirmative sentence）、控制句（control sentence）、合作句（cooperative sentence），並依每零至一個指示句或控制句，搭配二至五個描述句、觀念句、肯定句或合作句的完整社會故事句型比例編寫。

描述句主要以個案自我觀點出發，描述當下的情境以及可能遇到的問題；觀點句主要以自己的觀點，陳述他人對當下的情境問題可能的想法以及期望；指示句主要描述提升社交技能的做法；肯定句則強調周遭環境狀態的意義並說明一般人共有的觀點，用來增進環境陳述的意義，並表達共享的意見；控制句旨在指出情境中可提醒自己的運用策略；合作句則主要描述他人如何幫助自己完成（李治翰、魏慧美，2012；Gray, 2000）。筆者分就不同句型，另以「請多多指教」（請見書末所附的別冊）故事內容舉例彙整如表 14。

表 14 故事句型彙整

	種類	定義	功能	舉例
基本句型	描述句	陳述事件的情境線索與事實。	辨識外在情境訊息。	1.因為我的耳朵從小就聽不清楚,所以需要神奇寶貝的幫忙。 2.每當教室很吵時,我還是有可能會聽不清楚。
	觀點句	說明自己或他人的想法。	協助建立理解自己與他人的能力。	1.上學的第一天,我希望我可以交到很多好朋友! 2.我最特別的地方就是——我的耳朵右邊戴著電子耳,左邊戴著助聽器! 3.你們一定很好奇這是什麼東西。
	指示句	提出某些狀況下應有的行為反應。	針對事件做出適當回應。	如果你和我說話的時候,我沒有馬上回答,可能是我沒有聽到。請你拍拍我,或是走到我的旁邊,靠近我一點,再說一次。
	肯定句	強調普遍被認可的規則或社會觀感。	了解社會對某行為的看法。	它們是可以幫助我聽清楚的神奇寶貝。
附加句型	控制句	指出情境中可提醒自己的運用策略。	提醒自己表現適當的行為。	1.但是,它們不是玩具,它們很怕水,而且,絕對不能摔到地上喔! 2.雖然我的神奇寶貝很厲害,但是它們還是和正常耳朵不一樣,我必須要很專心聆聽才能聽清楚你們的話。
	合作句	說明他人能如何幫助自己完成。	提醒他人並給予穩定力量。	我希望當你們的好朋友,我是王小花!很高興認識大家～請多多指教。

資料來源:修改自 Gray(2000),修改部分為加入「請多多指教」故事內容舉例。

壹、「請多多指教」故事閱讀

　　「請多多指教」故事主角為剛入新班的聽障兒童王小花，藉由小花的自我介紹，簡述聽障兒童聽覺輔具功能與注意事項，也讓同儕了解在平日互動上聽障同學可能需要幫忙的地方，並理解當周遭夾雜噪音、距離又過遠時，小花在溝通上可能遭遇的困難，期能協助聽障兒童及其同儕同樣培養接納、開放的心態看待聽覺障礙（圖17）。

　　引導者在使用「請多多指教」故事時，可依據兒童當前的語言能力調整描述的內容和用語，並掌握以下要點：(1)簡潔、清楚的描述，避免贅言或多餘的文字；(2)提供完整的訊息，避免電報式的片段訊息；(3)重複關鍵字或段

圖17 「請多多指教」故事可以教導聽障學童及其同儕一同培養接納、開放的心態看待聽覺障礙

落；(4)使用明確的用語，避免使用專有名詞；(5)適時在語句中停頓，讓孩子有時間想想；(6)避免使用超過兒童記憶長度的冗長語句（Tye-Murray, 1994）。

貳、故事共讀進行要點

「請多多指教」故事適合不同年齡的兒童閱讀，惟引導者在進行故事共讀時，仍宜參考兒童當前的閱讀能力，針對文字描述或進行方式上微調。筆者茲就故事共讀進行要點整理如下：

一、念讀故事

透過引導者逐字念讀故事，讓兒童聆聽。若兒童已可拼讀注音，則可採分段念讀的方式，由引導者念讀一次，再由兒童複誦或接力念讀。

二、講解故事

透過講解故事來讓兒童了解故事大意、當下的情境、可能的狀況和做法等。

三、重述故事

當引導者透過問答故事讓兒童了解大意後，可請兒童重述故事，並應注意其音量、說話順序；此外，引導者要示範當他人不理解所欲表達內容時的修正方式。在重述活動時，引導者可依兒童的能力選取四張、六張或全書圖片，請兒童進行描述。過程中，引導者可適時提出二至三次的連續請求澄清，如：「什麼？」、「我還是聽不太懂」，由觀察兒童慣用的溝通修補策略中，

引導兒童主動針對描述的內容進行不同的溝通修補策略（參見第三部分）。倘若兒童無法即時回應問題，引導者可先等待，再適時詢問「你剛才聽到什麼？」必要時也可調整距離遠近、背景噪音、語言的複雜度與視覺提示的程度。

四、改編故事

引導者在進行前述活動後，可引導兒童扮演「請多多指教」中的主角，並視兒童的學習情況修改、刪減或增加故事內容。在編寫上宜注意：(1)故事內容應接近兒童經驗與學習事實，且以適合之句型編寫；(2)使用正向的語氣加以描述；(3)符合社會故事的句型編排比例；(4)符合兒童當前的認知能力與閱讀水準；(5)利用生動的書名引發其興趣。

參、參考文獻

李治翰、魏慧美（2012）：社會故事教學法提升輕度智能障礙學生課堂互動能力成效之探討。東台灣特殊教育學報，**14**，1-30。

Gray, C. A. (2000). *The new social story book: Illustrated edition*. Arlington, TX: Future Horizons.

Gray, C., & Garand, J. D. (1993). Social stories: Improving responses of students with autism with accurate social information. *Focus on Autistic Behavior, 8*(1), 1-10.

Tye-Murray, N. (1994). Communication strategies training. *Journal of the Academy of Rehabilitative Audiology, 27*, 193-207.

國家圖書館出版品預行編目（CIP）資料

帶得走的溝通技巧：聽覺障礙學童溝通修補教學策略手冊 /
林桂如, 鍾雅婷等著. -- 初版. -- 新北市：心理, 2017.05
面；　公分. --（溝通障礙系列；65031）

ISBN 978-986-191-737-5（平裝）

1.聽障教育　2.溝通技巧

529.67　　　　　　　　　　　　　　　　106005535

溝通障礙系列 65031

帶得走的溝通技巧：
聽覺障礙學童溝通修補教學策略手冊

作　　者：林桂如、鍾雅婷等

繪 圖 者：張慧嵐

執行編輯：陳文玲

總 編 輯：林敬堯

發 行 人：洪有義

出 版 者：心理出版社股份有限公司

地　　址：231 新北市新店區光明街 288 號 7 樓

電　　話：(02) 29150566

傳　　真：(02) 29152928

郵撥帳號：19293172　心理出版社股份有限公司

網　　址：http://www.psy.com.tw

電子信箱：psychoco@ms15.hinet.net

駐美代表：Lisa Wu（lisawu99@optonline.net）

排 版 者：龍虎電腦排版股份有限公司

印 刷 者：龍虎電腦排版股份有限公司

初版一刷：2017 年 5 月

I S B N：978-986-191-737-5

定　　價：新台幣 250 元【含別冊】

請多多指教

作　者：林桂如　　　繪圖者：張慧嵐

心理出版社

上學的第一天，
我希望我可以交到很多好朋友！

我最特別的地方就是——
我的耳朵右邊戴著電子耳，

左邊戴著助聽器！

你們一定很好奇這是什麼東西。
它們是可以幫助我聽清楚的神奇
寶貝。

因為我的耳朵從小就聽不清楚，所以需要神奇寶貝的幫忙。但是，它們不是玩具，它們很怕水，而且，絕對不能摔到地上喔！

雖然我的神奇寶貝很厲害，但是它們還是和正常耳朵不一樣，我必須要很專心聆聽才能聽清楚你們的話。

我跟妳說喔！

每當教室很吵時，我還是有可能會聽不清楚。

如果你和我說話的時候，我沒有馬上回答，可能是我沒有聽到。請你拍拍我，或是走到我的旁邊，靠近我一點，再說一次。

嘿～
妳在看什麼？

如果你覺得我沒有聽懂你的話，
請你試著換個方式和我說。